Re

Gespielt wird auf der ganzen Welt

Eva-Maria Hofmann   Susanne Rodloff

Gespielt wird auf der ganzen Welt

Spiele aus allen Teilen der Erde
für Kindergarten, Hort und Schule

Kallmeyer

Dieses Buch widmen wir:

Eckard, Andreas und Markus für ihre liebevolle Unterstützung;
Hannah Lara und Ralf, die mir helfen die Welt
immer noch mit Kinderaugen sehen zu können

Die Deutsche Bibliothek – CIP-Einheitsaufnahme
Ein Titelsatz für diese Publikation ist bei der Deutschen Bibliothek erhältlich.

Impressum
Eva-Maria Hofmann, Susanne Rodloff.
Gespielt wird auf der ganzen Welt
© 2002 Kallmeyersche Verlagsbuchhandlung GmbH
30926 Seelze (Velber)
Alle Rechte vorbehalten
Zeichnungen: Iris Mielke
Titel: Regina Hoffmann
Druck: Hahn Druckerei, Hannover
ISBN: 3–7800–5824–3

Inhalt

Vorwort

Spielen ist allen Kindern gemeinsam, egal, wo sie wohnen oder woher sie kommen. Ähnliche oder gar gleiche Spiele gibt es unter unterschiedlichen Namen und mit verschiedenen gesellschaftlichen Bezügen in allen Kulturen: Fang- und Versteckspiele, Spiele mit dem Ball oder Gummitwist werden überall gespielt.

Spiele dienen in vielen Kulturen zur Vorbereitung auf das Leben in der Gesellschaft. So gehen Kinder in einem Land auf Bärenjagd, im anderen jagen sie einen Löwen oder Hasen, woanders spielen sie U-Bahn fangen oder beschäftigen sich mit Spielen im Internet.

So verraten Spiele auch immer etwas über das Leben in den jeweiligen Ländern. Kommt ein Spiel aus einem Staat mit hoher technischer Ausrichtung oder ist es eher ein Agrarland? Gerade in einer Zeit der offenen Grenzen ist es interessant, etwas über die kulturellen Hintergründe der Einwanderer oder Besucher zu erfahren, um sich gegenseitig kennen zu lernen.

Während man vor vielen Jahren bei Zeltlagern das Treffen der Völker mit Rollenspielen nachempfunden und sich dazu aus Büchern die Informationen geholt hat, ist es heute durch die Einwanderung möglich, ein internationales Spiel nicht nur unter Deutschen zu spielen, sondern mit Kindern unterschiedlicher Nationen. So können die Spiele direkt von Kindern an andere Kinder vermittelt werden. Durch Nachfragen können Hintergründe zum Spiel, zum Land, zu den Lebensbedingungen der Menschen usw. erfahren werden. Dies schafft Verständnis für eine Welt, die durch das gemeinsame Spiel verbunden ist:

Spielen ist für die Sozialisation der Kinder wichtig

Spielen

- ist eine aktive, freiwillige Handlung, die Spieler/innen in ihrer ganzen Person beansprucht;
- schafft eine „als ob" Realität, die jedoch einen Bezug zur Wirklichkeit hat;
- macht Spaß;
- ist gekennzeichnet durch Rhythmisierung: An- und Entspannung, Zufall und Regel, Eingriff und Eigendynamik.

Spielen heißt:

- Erfahrungen machen mit Personen, Sachen, Räumen und Ideen;
- Verhalten erproben und die Wirkungen in der Umwelt kennen lernen;
- Zusammenhänge erkennen, begreifen und daraus Schlüsse für das eigene Verhalten ziehen;
- beim spielerischen Erproben Orientierung finden und Einstellungen entwickeln.

In Plan- und Rollenspielen kann die Situation in einem anderen Land nachempfunden werden. Spiele mit Bildern aus anderen Ländern und Diskussionsspiele vermitteln kulturelle Hintergründe und unterschiedliche Lebenseinstellungen sowie Sichtweisen. Das Spielen nach Regeln eines anderen Landes vermittelt erste Einsichten in dessen Spielkultur.

Spiele sind somit ein Mittel, um Einstellungen zu sich, zu seiner Umwelt und den Mitmenschen zu gewinnen. Spiele, die erlauben, den anderen kennen zu lernen und in seine Rolle zu schlüpfen, helfen bei der Entwicklung von Toleranz und dem Verständnis von eigenen und anderen Kulturen. Pädagogen und Pädagoginnen können diesen Prozess unterstützen durch geeignete Spiele und fachliches Wissen: Kinder verkleiden sich, sie begeben sich in eine Spielwelt mit Regeln und einem Rahmen, um so die Kultur des andern ganzheitlich zu erfahren. Sie tragen damit zum kulturellen Miteinander bei.

VORWORT

Beim Spielen sind Regeln auszuhandeln, zu beachten oder gemeinsam zu verändern. Die Gestaltung der Spielwelt mit anderen sind Lernschritte für das Leben. Die Kinder machen Erfahrungen im Spiel: Vielfalt ist möglich, man kann es so oder so regeln, man muss sich einigen mit den anderen, damit sie mitspielen. Damit wird ein wesentliches Moment eines demokratischen Gemeinwesens gelegt: Aushandeln, Einigen und Einhalten von Regeln – Spielen wird so zum Bildungsprozess in eigener Regie mit spezifischem Zugang zu den Menschen, praktisches Lernen für das Leben.

Spiele wandern mit den Menschen zwischen den Ländern hin und her. So ist das Spiel Drachenschwanzjagen mit den New Games aus Amerika wieder zu uns nach Deutschland gekommen, wo es als Teufelschwanzjagen bereits um 1910 in deutschen Spielbüchern beschrieben wurde und wahrscheinlich viele Jahre vorher durch deutsche Auswanderer nach Amerika gekommen ist. Oder die New Games kamen von Amerika nach Deutschland und unterstützten hier die eigenen Entwicklungen zu kooperativen Spielen. *New Games wollen unterschiedliche Menschen zusammenbringen und ihnen Spaß und Freude vermitteln am kooperativen Spiel.*

Gleiche Spielmechanismen gibt es in vielen Ländern, nur der kulturelle Kontext ist unterschiedlich. In diesem Buch wird das anschaulich aufgezeigt: Verschiedene Varianten von Plumpsack werden vorgestellt und der Hintergrund kurz aufgezeigt.

Spielpädagogen und Spielpädagoginnen sind eingeladen, die in diesen Spielen liegenden Erfahrungsmöglichkeiten zu nutzen und für ihre Praxis einzusetzen. So reicht die Palette der gesammelten Spiele von Bewegungsspielen über Taktik-Knobel- zu Wahrnehmungs-, Fantasie- und Pantomimespielen bis hin zu ausgearbeiteten Spielketten.

Gerhard Knecht
Dozent für Spielpädagogik der Akademie Remscheid

Einleitung

Interkulturelle Erziehung gewinnt nicht nur angesichts eines vereinten Europas und einer zunehmenden Internationalisierung, sondern leider auch durch zunehmende Fremdenfeindlichkeit bis hin zu Gewalt an Bedeutung.

Auch die Kleinsten unserer Gesellschaft, die Kinder, sind von den Folgen nicht ausgenommen und werden damit sowohl im privaten Bereich als auch in Kindergarten und Schule konfrontiert. Wenn auch nicht in allen Stadtteilen gleich stark, so nimmt doch die Multikulturalität allgemein zu und in den (unterschiedlichsten) Einrichtungen treffen Kinder aus vielen Nationen und Völkergruppen aufeinander. Sie sprechen verschiedene Sprachen und gehören verschiedenen Kulturkreisen und Religionsgemeinschaften an. Zwar sind Kinder in der Regel zunächst einmal für alles Neue offen, dennoch bewahrheitet sich oft das alte Sprichwort: „Was Hänschen nicht lernt, lernt Hans nimmermehr!" Das heißt, die Weichenstellung für rassistisches Denken, von „Besser" und „Schlechter" beginnt schon im frühen Kindesalter.

Auch aus diesem Grund ist es daher sinnvoll, schon bei den Kindern den Respekt vor den Kulturen anderer Menschen und die Wertschätzung füreinander zu fördern. Auf ihrem Weg dahin müssen Kinder von Erwachsenen begleitet werden, die ihnen nicht nur auf kognitiver, sondern auch auf emotionaler Ebene Anreize geben.

Ein Ansatz dafür kann das Spiel sein, stellt dies doch die Form dar, die den Bedürfnissen des Kindes am ehesten entspricht: Spielen macht nicht nur Spaß, sondern stärkt auch das eigene Wohlbefinden und das seelische Gleichgewicht. Daher wurden in diesem Buch zahlreiche Spiele aus vielen verschiedenen Ländern zusammengetragen.

Eingebettet sollten diese Spiele in den Rahmen einer „Interkulturellen Erziehung" sein, worauf ein Kapitel dieses Buches kurz eingehen wird, ebenso wie auf das Thema interkulturelles Spielen. Anhand praktischer Beispiele werden viele Tipps und auch Hilfestellungen für den pädagogischen Alltag gegeben, die Mut für die eigene Umsetzung machen können und anregen, sich weiter mit diesem Themenkreis zu beschäftigen.

Die Spielesammlung enthält Spiele aus fast 60 Ländern. In Deutschland leben und wohnen Menschen aus vielen Ländern, nicht nur aus einigen wenigen. Diese Mitbürger kommen nicht nur aus der Türkei, Griechenland, Italien oder Jugoslawien, sondern zunehmend aus allen Teilen der Erde. So leben zurzeit (Ende 2001) 7,32 Millionen ausländische Mitbürger in Deutschland. Dies sind ca. 9 % der Gesamtbevölkerung Deutschlands.

Die gesellschaftliche Situation hat sich vor allem durch drei Prozesse entschieden verändert. Diese drei Prozesse sind: Migration, Europäisierung und Globalisierung.

Während zu Beginn des Zuzuges von „Ausländern" nach Deutschland meist der Grund war, dass sie hier als sog. Gastarbeiter arbeiten und in der Regel wieder in ihre Heimat zurückkehren wollten, haben sich die Verhältnisse heute sehr stark gewandelt.

Durch politische Umwälzungen und (Bürger-)Kriege, aber auch aufgrund der Globalisierung der Wirtschaft sind die Nationalitäten der Zuwanderer viel heterogener geworden. In früheren Jahren dominierten die „klassischen" Gastarbeiterländer Italien, Spanien, Portugal, Griechenland, Jugoslawien und Türkei. Heute dagegen kommen Flüchtlinge, Asylsuchende und politisch motivierte Zuwanderer neben Osteuropa, aus nahezu allen Krisengebieten der Welt, insbesondere aus Ex-Jugoslawien, Nahost, Asien und Afrika. Durch die Globalisierung der Wirtschaft kommen vor allem Zuwanderer (oft auch nur temporär) aus den Industrieländern der Welt, vor allem Nordamerika, Japan und Südostasien.

Aus diesem Grund haben wir versucht ein möglichst breites Spektrum an Spielen aus „aller" Welt (aus allen fünf Kontinenten) zusammenzutragen. Es wurde versucht aus den Kontinenten Asien, Amerika und Afrika gleich viele Spiele aufzunehmen, Australien, der kleinste Kontinent, kommt weniger vor. Europa ist mit seinen Spielen am stärksten vertreten, da die meisten bei uns lebenden Mitbürger ausländischer Herkunft aus diesem Erdteil kommen.

Sehen wir einmal über den eigenen Tellerrand hinweg, dann beobachten wir Kinder in anderen Ländern beim Spielen. Faszinierend sind aber nicht alleine die Unterschiede der Spiele, sondern gerade auch die vielen Gemeinsamkeiten, obwohl sie in unterschiedlichsten Kulturen gespielt werden. Dennoch ist es genauso spannend, ein unbekanntes Spiel aus einem anderen Land wie etwa Indien, Brasilien oder Nigeria kennen zu lernen und zu spielen.

Alle Spiele dieses Buches sind ohne große Vorbereitung und mit wenigen, meist ohnehin vorhandenen Materialien einzusetzen. Natürlich beinhaltet jedes Spiel eine kurze Beschreibung und wenn nötig weitere Informationen. Da die Spiele jedoch stark von den Teilnehmer/innen selbst, den Räumlichkeiten usw. beeinflusst werden, sind dies auf eigene Erfahrungen begründete subjektive Einschätzungen, die keine Allgemeingültigkeit besitzen. Häufig gibt es gleiche oder ähnliche Spielvarianten aus unterschiedlichen Ländern. In diesem Fall finden sich die Spiele mit den Abweichungen des ursprünglichen Spielprinzips unmittelbar untereinander.

Etliche der Spiele im Buch sind Wettkampfspiele, also solche, bei denen einzelne Spieler oder Gruppen gegeneinander antreten, um dasselbe Ziel zu erreichen, nämlich zu gewinnen, die meisten Punkte zu erhalten. Damit wird ein Leistungsvergleich zwischen den Spielpartnern vollzogen. Das bedeutet am Ende des Spieles, dass ein Spieler Sieger ist, also Erfolg hatte, ein anderer jedoch Verlierer und somit einen Misserfolg erzielte. Trotz der teilweise Umstrittenheit dieser Spiele haben wir sie in diese Spielesammlung aufgenommen. Es sind zum Großteil klassische, traditionelle Spiele aus den genannten Ländern, die zum Allgemeingut des Landes gehören. Diese haben meist schon die Eltern und Großeltern gespielt und sind daher weit verbreitet und bekannt.

Auch Wettkampfspiele sind jedoch unter Berücksichtigung einiger Hinweise gut spielbar.

- Wettkampfspiele nicht über einen längeren Zeitraum spielen;
- Gruppierungen häufig wechseln, die Art der Anforderungen der Spiele verändern;
- die Wettkampfstimmung nicht unnötig anheizen;
- die Kriterien zum Bilden von Gruppen variieren;
- Rahmenprogramm insgesamt kooperativ gestalten;
- gleich starke Partner miteinander/gegeneinander spielen lassen (Alter, Größe, Gewicht, Geschicklichkeit, usw. berücksichtigen).

Bei einigen Wettkampfspielen wurden bereits kooperative Varianten angeführt. Nach diesem Beispiel sind auch andere Spiele veränderbar. Der Spielleiter kann sich entscheiden, ob er bei den Spielen auf das Punktezählen verzichtet. In diesem Fall stehen nicht Sieger oder Verlierer im Vordergrund, sondern die Lust am Spiel.

Bei der Gruppenbildung zu Spielen, meist Wettkampfspielen, ist darauf zu achten, dass keine Personen ausgeschlossen, ausgegrenzt oder evtl. gar nicht beachtet werden. Es ist sinnvoll, die Gruppen mit verschiedenen kurzen Spielen, sog. Aufteilungsspielen, einzuteilen. Hier einige Möglichkeiten:

- Spieler stellen sich in Reihe oder Kreis und zählen der Reihe nach, je nach Anzahl der Gruppen ab (2 Gruppen – 1-2-1-2-1-2-1… oder 4 Gruppen – 1-2-3-4-1-2-3-4-1-…);

- durch Abzählreime oder -verse werden die Personen nach einem Zufallsprinzip ausgewählt und eingeteilt;
- Spieler stellen sich nach bestimmten Kriterien in einer Reihe auf, z. B. nach Schuhgröße (von klein bis groß), Geburtsmonat (von Jan. bis Dez.), nach Bundesländern (von Baden-Württemberg bis Thüringen) usw.;
- der Spielleiter hält halb so viele Fäden in der Hand wie Spieler mitmachen, jeder Spieler hält ein Ende fest und hat somit einen Partner;
- der Spielleiter verteilt vorbereitete Kärtchen mit gleichen Symbolen (Tiere, Zahlen, Farben, Buchstaben, Personen, …);
- Bilder/Poster werden zerschnitten (Puzzle) und an Spieler verteilt (blind), die Spieler versuchen Puzzle zu machen, ein Puzzle ist eine Gruppe;
- Taxispiel, eine bestimmte Anzahl Taxis (gekennzeichnet) darf eine bestimmte Anzahl von Fahrgästen aufnehmen.

Im Anschluss an die Spiele finden sich allgemeine Hinweise zum Aufbau und Ablauf einer „Spielkette", zusammen mit einer kleinen Auswahl an Spielketten. Warum wurden Spielketten in diesem Buch aufgenommen? Mit Spielketten lassen sich wichtige pädagogische Ziele, z. B. Kennenlernen, Toleranz und Wertschätzung fördern. Auf eine ganz besondere Art und Weise können so bestimmte Themen spielerisch aufgegriffen und vermittelt werden. Bei der Zusammenstellung der Spielketten wurde vor allem Wert auf Spiele mit kooperativem Charakter gelegt, da diese Spiele besonders förderlich für das Zusammensein einer multikulturellen Gruppe sind.

Abgerundet wird das Ganze durch einen Anhang, in dem einzelne Feste aus anderen Ländern beschrieben werden, die vor allem den Kindern Spaß machen. Ebenso wird eine Auflistung weiterführender Literatur und geeigneter Adressen angeboten. Ferner sind im Register alle Spiele nochmals nach Ländern geordnet.

Noch ein Hinweis: Nicht immer wurde die männliche *und* weibliche Form der Anrede gewählt. Natürlich sind aber alle Personen angesprochen bzw. gemeint.

An dieser Stelle möchten wir uns bei den vielen und fleißigen Helfern für das Sammeln und Übersetzen der Spiele und für die Unterstützung bei der Umsetzung des Buches bedanken. Ohne sie wäre dieses Buch nicht zustande gekommen. Sie alle namentlich zu erwähnen würde leider hier den Rahmen sprengen. Wir sagen nochmals allen ganz HERZLICHEN DANK!

Wir wünschen allen Leserinnen und Lesern viel Spaß mit diesem Buch und vor allem viel Erfolg bei der Umsetzung!

Eva-Maria Hofmann und Susanne Rodloff

Die Bedeutung des kindlichen Spiels

Der siebenjährige Vincenzo aus Italien, die fünfjährige Keiko aus Japan und der sechsjährige Tadesse aus Äthiopien haben, trotz aller Unterschiede, eines gemeinsam: die Lust am Spiel!

Sich selbst und den Rest der Welt um sich herum zu vergessen, die Begeisterung und der Spaß einzutauchen in eine andere Wirklichkeit, das gelingt Kindern rund um den Globus.

Was bedeutet jedoch spielen?

Es ist nicht möglich, *Spiel* eindeutig zu definieren, denn die Ansicht darüber, was spielen bedeutet, variiert. Immerhin kann festgehalten werden, dass das Spiel eine vom Kind freiwillig gewählte und selbstgesteuerte Aktions- und Ausdrucksform ist. Kinder spielen, zum Glück, um ihrer selbst Willen. Es bereitet ihnen in der Regel Vergnügen und schafft Befriedigung. Dabei unterscheiden sich die Spielformen und Inhalte zum Teil stark voneinander, da diese von einer Vielzahl verschiedener Faktoren wie u. a. von Gruppen-, Schicht- und Kulturzugehörigkeit abhängen. Dennoch gibt es Spiele, die in ähnlicher Form in vielen Ländern verbreitet sind (z. B. Deutschland: Ochs am Berge – eins, zwei, drei/Italien: Uno due tre – stella). In einer von Leistungsdenken geprägten und an Erfolg orientierten westlichen Gesellschaft genießt das Spiel, im Gegensatz zum Lernen, zuweilen nur einen geringen Stellenwert, da viele Erwachsene immer noch hartnäckig an dem Vorurteil festhalten, dass das Spiel ja bloßer Zeitvertreib sei, der nichts einbringe. Die Welt des Kindes hat in den westlichen Ländern oft nichts mit der des Erwachsenen zu tun, ganz anders dagegen ist es in den meisten afrikanischen Ländern, wo eine enge Verbindung zwischen beiden besteht.

Warum ist das Spiel so wichtig für Kinder?

Durch das Spiel werden eine Vielzahl verschiedener Erfahrungen gesammelt. Sie können das Kind hinsichtlich seiner sozialen, sprachlichen und sachlichen Entwicklung fördern. Das Spiel eröffnet die Chance, dem Kind Anregungen auf emotionaler, kommunikativer, kognitiver, kreativer, physischer, psycho- und sensomotorischer Ebene zu geben. Das Kind kann durch das Spiel seine Umwelt entdecken, erforschen, verändern und erobern. Es „begreift" zuerst die Dinge, später setzt es die Fantasie mit ein. Es kann seine Fähigkeiten und Fertigkeiten entwickeln und verfeinern. Nicht zuletzt kann das Spiel dabei helfen, innere Probleme und Fragen zu bewältigen, wenngleich es die Ursachen von Störungen nicht beheben kann.

In der Kindergruppe ist das „freie Spiel" vom „Regelspiel" zu unterscheiden. Beim „Freispiel" vertieft sich das Kind im zweckfreien und selbstgesteuerten Spiel. Gerade durch das Rollenspiel, z. B. Vater-Mutter-Kind, verarbeitet das Kind häufig reale Erlebnisse und gewinnt Erkenntnisse, die aus der gespielten Wirklichkeit in die reale Welt transportiert werden. Es kann sich ausprobieren und selber erfahren, Grenzen werden auf spielerische Weise erlernt und leichter akzeptiert.

Das „Regelspiel" kann sowohl Wettbewerbscharakter haben als auch kooperatives Handeln in den Mittelpunkt rücken. Immer geht es jedoch um das Spiel mit oder gegen den Partner. Damit kann das Sozialverhalten und die Kreativität des Kindes gefördert werden. Natürlich muss stets der lustbetonte und spielerische Ansatz im Vordergrund stehen.

Zusammenfassend lässt sich sagen: Durch das Spiel kann das Kind ganzheitlich in seiner Persönlichkeitsentwicklung, Intelligenz, Kreativität, Selbstständigkeit und in seinem Selbstvertrauen gestärkt werden. Spielende Kinder sind in der Regel aktiver, leistungsfähiger, gesünder und vor allem glücklicher.

Theorie und Praxis

Das hört sich in der Theorie ja wirklich toll an, werden Sie sagen, aber wie sieht es denn bitte schön in der Praxis aus? Vermutlich kommt Ihnen die folgende Situation in Ansätzen durchaus bekannt vor:

Sie hatten das Spielangebot so sorgfältig vorbereitet. Sie sind extra in der Bücherei gewesen und haben sich mit entsprechender Literatur versorgt, haben in der Buchhandlung ein neues Fachbuch gekauft, eine Auswahl von Spielen passend zum Thema getroffen und sich zusätzlich mit der Kollegin beraten. Natürlich haben Sie auch das benötigte Material besorgt und für jedes Kind noch eine Kleinigkeit zusätzlich vorbereitet. Zum wiederholten Male haben Sie Ihre CD-Sammlung nach passender Musik durchgestöbert und einige Lieder aufgenommen. Der Tag ist gekommen und Sie starten Ihre Spielaktion.

Noch während Sie das erste Spiel erklären, beginnt Ihr „Sorgenkind", nennen wir es einmal Marcel, zu nörgeln. Das sei doch was für Babys oder für Mädchen und überhaupt, dazu habe er nun gar keine Lust. Ihre Bemühungen, ihn für Ihre Aktion zu gewinnen, scheinen zu scheitern, schlimmer noch: Marcel steckt auch noch Florian und Erkan mit seiner Laune an und gemeinsam albern die drei herum. Genervt erlauben Sie ihnen nach einiger Zeit, sich am anderen Ende des Raumes mit einem Kartenspiel zu verziehen. Wenigstens machen die anderen Kinder halbwegs mit, auch wenn irgendwie die Luft raus ist. Etwas mehr Begeisterung hätten Sie schon erwartet.

Tapfer führen Sie die Spielaktion zu Ende und sind selbst froh als es vorbei ist. So schwierig hatten Sie sich das nicht vorgestellt. Was zum Kuckuck sollen Sie denn noch machen? Sie fragen sich, ob das die Mühe wert war und was Sie falsch gemacht haben.

Spielen ist kein Kinderspiel

Diese Geschichte verdeutlicht, dass sich der Erfolg von Spielaktionen und Spielgruppen auch beim besten Willen nicht zwangsläufig einstellt. Es gibt jedoch einige Faktoren, die die Spielleitung beachten sollte, um den guten Verlauf einer Spielaktion zu begünstigen. Die Wichtigsten seien an dieser Stelle genannt.

Spielpädagogisches Konzept

- Spielen Sie zielgerichtet?
- Warum haben Sie sich für diese Spiele entschieden?

Situationsanalyse

- Haben Sie die Zusammensetzung Ihrer Gruppe berücksichtigt? Dazu gehören Alter, Geschlecht, Interessen und Bedürfnisse sowie eventuelle Besonderheiten der Gruppe. Stellen Sie die Spiele individuell für Ihre Gruppe zusammen.

Rahmenbedingungen

- Wie viel Zeit ist vorhanden?
- Wie ist der Raum beschaffen? Spielen Sie drinnen und/oder draußen?

Sicherheit

- Haben Sie mögliche Risiken berücksichtigt? Die Sicherheit der Mitspielenden hat oberste Priorität. Seien Sie jedoch auf der anderen Seite nicht übervorsichtig, experimentieren Sie ruhig ein wenig.

Organisatorisches

- Sind alle benötigten Materialien vorhanden und griffbereit?

Realisierung

- Können sich alle Beteiligten in das Spiel einbringen?
- Bietet das Spiel Rückzugsmöglichkeiten? Nicht jede/r möchte (ständig) gefordert sein.
- Besitzt der Spielinhalt Aufforderungscharakter für das Kind?
- Wird ein Spannungsbogen aufgebaut?
- Ist die optische Gestaltung ansprechend?
- Sind die Regeln einfach und klar verständlich?
- Wechseln bekannte und unbekannte, langsame und schnelle Spiele einander ab?
- Können die Mitspielenden das Spielgeschehen beeinflussen?
- Verhilft die Spielaktion zur Gewinnung neuer Erkenntnisse?
- Sind die Aufgaben und Rollen zwischen Spielleitung und Mitarbeiter/Mitarbeiterinnen geklärt?

Spielleitung

Eine besondere Aufgabe hat die Spielleitung. Sie soll nicht nur neue Spiele eingeben und die Mitspielenden motivieren, sondern auch darauf achten, dass alle zu ihrem Recht kommen. Eine gute Spielleitung ist immer präsent. Sie spielt am Anfang selber mit bzw. an, bleibt während des weiteren Spielverlaufs jedoch zurückhaltend. Manchmal muss sie auch als Schiedsrichter fungieren. Ferner gibt sie Tipps und Anregungen und sorgt für eine offene und freundliche Atmosphäre. Falls ein Spiel nicht ankommt, kann sie Spielvarianten einbringen oder ein anderes als Alternative vorstellen. Die Spielleitung leitet zwar die Gruppe, sie sollte sich aber in ihrer Rolle stets im Hintergrund halten und nur eingreifen, wenn es unbedingt nötig ist. Sie gibt der Gruppe den Raum das Spiel zu entwickeln. Zum Abschluss reflektiert sie ihr eigenes Verhalten und die gesamte Spielaktion. Mit älteren Kindern und Jugendlichen ist eine altersgerechte Auswertung ebenfalls möglich.

Die grundlegenden Regeln der *New Games Bewegung* lauten:
Spiel fair, spiel intensiv und verletze niemanden.

Last but not least

Bleiben Sie als Spielleitung authentisch! Bleiben Sie sich und Ihrem persönlichen Stil und Auftreten treu, jede Spielleitung hat ihre eigene Herangehensweise.

Das Allerwichtigste zum Schluss: Spielen macht Spaß! Nur wenn Sie selbst Spaß am Spiel haben, können Sie den auch anderen vermitteln.

Zum Einsatz kulturspezifischer Materialien und Spiele in der Kindergruppe

Über den eigenen Tellerrand blicken! Das ist es, was von den Heranwachsenden in einem von Europäisierung und Globalisierung geprägten Zeitalter mehr denn je gefordert wird. Es setzt voraus, dass kulturell und ethnisch geprägte Unterschiede akzeptiert werden. Mehr noch als dies, sie sollten als eine Erweiterung des eigenen Horizontes betrachtet werden.

Interkulturelle Erziehung

Der multikulturellen und multiethnischen Zusammensetzung unserer Gesellschaft begegnen Kinder in alltäglichen Situationen, z. B. im Kindergarten, in der Schule, in der Freizeit, bei der Benutzung öffentlicher Verkehrsmittel, wenn sie in der Stadt Geschäfte, Restaurants, Reisebüros mit fremdsprachigen Namen sehen. Ungewohntes, Fremdes kann aber nicht nur Interesse wecken, sondern auch Angst und Ablehnung hervorrufen. Um dies zu überwinden, ist eine interkulturelle Erziehung nicht nur im Elternhaus, sondern auch im Kindergarten, in der Kindertagesstätte, in der Schule, im Hort usw. wichtig und unerlässlich.

Interkulturelle Erziehung hat ein gleichberechtigtes Zusammenleben von Menschen unterschiedlicher Herkunft zum Ziel. Sie lässt in der Begegnung von verschiedenen Kulturen die Kultur des jeweils anderen als etwas Eigenständiges, Gleichwertiges und Kostbares gelten und achtet darauf, dass Unterschiede akzeptiert und repräsentiert werden. Dies fordert auf beiden Seiten Achtung und Wertschätzung vor Menschen mit anderer Kultur und anderer Sprache. Verständlicherweise kommt es dabei immer wieder zu Konflikten. In der täglichen Praxis bedeutet das, zunächst einmal lernen miteinander auszukommen und gemeinsam Kompromisse zu finden. Dabei sollte beachtet werden, dass „Kultur" kein statischer Begriff ist, sondern sich ständig verändert. Der Kulturbegriff eines in dritter Generation in Berlin lebenden 14-jährigen Italieners unterscheidet sich z. B. in wesentlichen Bereichen von dem eines auf Sizilien geborenen und aufgewachsenen Gleichaltrigen. Missverständnisse und Probleme sind immer dann vorprogrammiert, wenn das Kind nicht als individuelle Persönlichkeit mit seinen Wünschen, Vorlieben, Abneigungen, Verhaltensweisen und Erfahrungen, sondern als Repräsentant einer bestimmten Herkunftskultur im Mittelpunkt der pädagogischen Bemühungen steht.

Der Einsatz kulturspezifischer Materialien und Spiele

Materialien, die Migrantenkindern aus ihrer Muttersprache und ihrem kulturellen Hintergrund bekannt sind, tragen erheblich zur Präsenz und Aufwertung ihrer Sprache und Kultur bei und können ihnen Spiel- und Identifikationsmöglichkeiten geben. Für die deutschen Kinder bedeutet es eine Erweiterung und Bereicherung ihrer Lebenswelt. Schließlich geht es nicht darum, einseitig Migrantenkinder zu integrieren. Auch deutsche Kinder sollen auf ihr späteres Leben vorbereitet werden, das bereits jetzt im Zuge der Globalisierung und Internationalisierung zunehmend von Multikulturalität geprägt ist. Wenn sich z. B. in einem Kindergarten ausschließlich Spiel- und Einrichtungsmaterialien wiederfinden, die sich nur an der deutschen Lebenswelt orientieren, so spiegelt dies nicht die multikulturelle und multiethnische Zusammensetzung der Gesellschaft wider, die fast überall Realität ist. Exemplarisch für „typisch deutsche" Gegenstände stehen z. B. das Kaffeeservice, das Kasperletheater, Spiele, die sich nur auf

Checkliste „Interkulturelle Ausstattung in der Tageseinrichtung"

Die Herkunft der Familien sollte bei der Ausstattung beachtet werden. Darauf abgestimmt, können sich folgende Materialien neben dem Standardangebot wiederfinden:

Puppenecke

- hell- und dunkelhäutige Puppen
- eventuell Puppenkleidung entsprechend der Herkunftsfamilien der Kinder (näh-freudige Omas oder Mütter ansprechen)

Kaufladen

- Dosen, Flaschen usw. aus dem (asiatischen, türkischen …) Lebensmittelgeschäft
- Auberginen, Melonen, Oliven, Zucchini sowie Fladenbrote oder Baguettes für den Kaufladen anbieten, ggf. selbst aus Plastilin, Holz, Ton oder Salzteig herstellen

Puppenküche

- (türkisches) Teegeschirr
- Samowar, Teegläser
- kleine Teppiche
- Stäbchen, Reisschalen
- Wok

Rollenspielbereich

- Kleidungsstücke aus dem Herkunftsland der Familien (Tücher, Kopftücher, Sari, Pluderhosen, Umhänge, Gürtel, Taschen, Felle)

Bauecke

- dunkelhäutige Spielfiguren, z. B. von Duplo, Lego oder Playmobil
- Fahrzeuge aus Draht herstellen
- Bausteine aus Ton

Bücherkiste

- Bilderbücher, die Menschen aller Hautfarben und Kulturen abbilden (z. B. „Die bunte Flaschenpost")
- zweisprachige Bilderbücher (z. B. „Der Regenbogenfisch"), je eines in Deutsch und z. B. in Französisch, Italienisch, Türkisch (manche Bücher sind bereits in zwei Sprachen geschrieben)
- Bücher in der jeweiligen Muttersprache der Kinder, z. B. Liederbücher
- Weltatlas, Weltkugel (Globus)

Musik

- Kassetten, CDs mit Musik und Hörspielen in mehreren Sprachen (z. B. Eins von mir – eins von dir, Bir benden – bir senden)
- Instrumente zum Musizieren, z. B. Rasseln, Trommeln, Kastagnetten, Regenmacher, Bongos

Tipp:

Beziehen Sie die Eltern als Ratgeber bei der Ausstattung mit ein. Sie geben häufig gute Hinweise, welche Dinge unbedingt dazugehören sollten und wo sie zu erhalten sind. Manchmal steuern sie auch Materialien aus der eigenen häuslichen Umgebung bei. Bücher, Kassetten und CDs in den Familiensprachen sind über (Internet-)Buchhandlungen zu beziehen.

deutsches Hintergrundwissen beziehen (wie z. B. Sagaland, Räuber Hotzenplotz). Befinden sich jedoch das Kaffeeservice ebenso wie das (türkische) Teegeschirr in der Puppenecke, zusammen mit hellhäutigen und dunkelhäutigen Spielfiguren und in der Bücherkiste sind deutsche und fremdsprachige Bücher zu finden, so ist bereits ein erster Schritt getan. Mit ein wenig Fantasie und Einfühlungsvermögen ließen sich noch zahlreiche Möglichkeiten sowie Mittel und Wege zur Beschaffung landestypischer Materialien finden. So kann beispielsweise die jeweilige Botschaft des Landes mit der Bitte um Zusendung entsprechender Materialien und Informationen angeschrieben werden. Auch das Nachfragen in Reisebüros, Geschäften und Restaurants lohnt sich und auch in der Bibliothek lassen sich fast immer Hintergrundinformationen zusammentragen. Vielleicht ist die Bücherei auch bereit, Ihnen eine Themenkiste zusammenzustellen und auszuleihen. Nicht zuletzt sind die Eltern der Kinder häufig gern bereit auszuhelfen. Dabei sollte jedoch darauf geachtet werden, dass die Materialien ansprechend sind und nicht Klischees verfestigen. Die Kinder sollten dazu möglichst einen persönlichen Bezug haben. So könnte eine für Urlaubsfotos reservierte Ecke im Klassenzimmer oder Gruppenraum eine Bereicherung für alle Kinder sein. Hier werden zum Beispiel Bilder vom Besuch bei den Großeltern in Griechenland, in Italien, in Japan, in Bayern oder von der Nordseeküste ausgestellt. In der Checkliste auf S. 16 finden sie weitere Anregungen.

Möglichst viele unterschiedliche Materialien, die die Fantasie der Kinder anregen und vielfältig einzusetzen sind, sollten außerdem selbstverständlich dazugehören: Gardinenreste, Kordeln, Bettlaken, Theaterschminke, Eierkartons, Spiegel, Knete u. v. a.

Mithilfe einer solchen interkulturellen Ausstattung können Kinder die Erfahrung machen, dass das Leben sich quasi aus vielen bunten Mosaiksteinen aus aller Welt zusammensetzt und es dadurch bunter und interessanter wird. „Neues" oder „Anderes" wird daher nicht von vornherein abgelehnt. Das Gegenteil ist meist der Fall: Die Kinder sind oft sehr interessiert daran, etwas über das Leben in anderen Ländern zu erfahren. Dann können Herkunftsländer, z. B. anhand bekannter Dinge direkt thematisiert werden.

Eine gute Möglichkeit Unterschiede und Gemeinsamkeiten erfahrbar zu machen, stellt der Einsatz von Spielen aus anderen Ländern dar. Besonders Spiele aus den Herkunftsländern von Migrantenkindern können helfen, sich interkultureller Erziehung im o. g. Sinne zu nähern. Dabei darf jedoch nicht selbstverständlich davon ausgegangen werden, dass solche Spiele auch einem hier in zweiter oder dritter Generation lebendem Kind bekannt sind. Dennoch gibt es in vielen Familien sicherlich tradierte Spiele bzw. Lieder, die immer wieder z. B. anlässlich von Festen und Feiern gespielt und gesungen werden. Vielmehr als der Wiedererkennungswert bestimmter Spiele zählt der Gedanke, dass durch die Akzeptanz des Spiels, die Sprache und Kultur der Herkunftsländer der Kinder angemessen wahrgenommen, berücksichtigt und aufgewertet werden. Diese Sichtweise trägt dazu bei, dass Kinder erfahren, dass Unterschiede nichts Außergewöhnliches sind, sondern zum Leben dazugehören, es im Gegenteil bereichern. Darin besteht die Chance, den Alltag spielerisch zu verändern. Wenn Kinder diese Grundprinzipien verinnerlichen, können sie sich leichter zu offenen, kompetenten, selbstbewussten, aber auch konfliktfähigen Menschen entwickeln.

Für die Praxis bedeutet dies, die vorhandenen Materialien einmal kritisch zu begutachten. Die folgenden Leitfragen können bei der Überprüfung helfen.

- Sprechen die Materialien alle Kinder an oder „nur" die deutschen? Dann sollten Alltagsgegenstände, mehrsprachige Bilderbücher, Kassetten usw. besorgt werden.
- Wie sieht das Spielrepertoire aus?
- Werden stets die „klassischen" Spiele (z. B. „Wer hat Angst vorm schwarzen Mann?"), gespielt oder werden auch Spiele bzw. Spielvarianten nichtdeutschen Ursprungs (z. B. Bao, Yoté) berücksichtigt?

Sich falls nötig mit entsprechender Literatur versorgen, Migranteneltern ansprechen, nichtdeutsche Kollegen/Kolleginnen um Unterstützung bzw. um Rat bitten und entsprechende Fortbildungen besuchen, um interkulturellen Schwung in die Arbeit zu bringen, sind wichtige Hilfen für die Praxis.

Die Gefühle und Bedürfnisse der Migrantenkinder berücksichtigen

Für viele Kinder aus Zuwandererfamilien ist es ein tolles Gefühl, einmal mehr zu wissen als die anderen und bei der Planung der Spiele fachkundig zu helfen. Es vermittelt das Gefühl: „Hey! Das, was ich weiß und kann, wird geschätzt!" Andere Kinder stehen dagegen gar nicht so gerne im Mittelpunkt. Manche Migrantenkinder haben bereits im frühesten Kindesalter gelernt, dass es besser ist, nicht aufzufallen und sind bestrebt, sich der Majorität anzupassen und so zu sein „wie alle anderen". Auch dies sollte berücksichtigt und akzeptiert werden. Andererseits muss man aufpassen, nicht selbst zu vermitteln, das Ziel von Integration sei völlige Anpassung. Eine solche Haltung wird in folgendem Beispiel deutlich: Eine Erzieherin stellt der Mutter eines neuen Kindes die Kinder der Gruppe vor und sagt dabei: „Das ist Manuel. Der ist bei uns ganz toll integriert. Er spricht sogar besser Deutsch als Portugiesisch."

In diesem Fall wird die Integration des portugiesischen Jungen Manuel vor allem an seinen Deutschkenntnissen gemessen. Diese sind sehr wohl wichtig, aber allein sicherlich kein Indikator dafür, ob er in die Gruppe integriert ist. Dazu wäre es aufschlussreich zu erfahren, ob er beispielsweise deutsche, portugiesische und/oder sonstige Freunde und Spielkameraden hat, sich aktiv am Gruppengeschehen beteiligt und sich mit seiner ganzen Person dort einbringt. Natürlich ist es eine beachtliche Leistung, wenn Manuel die Zweitsprache Deutsch gut beherrscht. Die Erzieherin lobt ihn jedoch dafür, dass er die deutsche Sprache *besser* beherrscht als die portugiesische Muttersprache, die somit eine Abwertung erfährt.

Einmal von der Bedeutung der emotionalen Bindung an die Muttersprache abgesehen, haben Studien nordeuropäischer Länder schon längst gezeigt, dass Kinder, die gut ihre eigene Muttersprache beherrschen, sich später schneller, besser und nachhaltiger eine Zweitsprache aneignen können. Erhebliche Defizite zeigen sich ansonsten spätestens dann, wenn es um den komplexeren Sprachgebrauch, z. B. beim Formulieren freier Texte geht. Dies sollten Erzieher/innen auch besorgten Eltern nichtdeutscher Kinder vermitteln, die sich häufig wünschen, dass ihre Kinder schnell Deutsch lernen. Deshalb verbieten sie ihren Kindern oftmals, sich in der Einrichtung in ihrer Muttersprache zu unterhalten.

Manuel lernt vermutlich daraus, dass es erstrebenswert ist, so zu sein wie die deutschen Kinder und seine Muttersprache und Kultur besser für sich zu behalten.

Macht ein Migrantenkind häufig solche oder ähnliche Erfahrungen, dann ist es sicherlich nicht erstaunlich, dass es sich ablehnend verhält, wenn „plötzlich" Spiele oder Materialien aus seinem Herkunftsland thematisiert werden. Dies erfordert, ganz im Sinne der Spielpädagogik, einen sensiblen Umgang der Spielleitung mit der konkreten Gruppe und die Berücksichtigung der Bedürfnisse der teilnehmenden Kinder. Ein Ausweg könnte darin bestehen, die Gemeinsamkeiten vieler Spiele zu betonen, denn viele Spiele (Steinchenspiele, Brückenlieder, …) sind vom Spielprinzip sehr ähnlich.

Zusammenarbeit mit Eltern

Die Zusammenarbeit zwischen Institutionen und Eltern ist häufig ein schwieriges Feld, da sich beide Seiten oft mit Vorbehalten gegenüberstehen. Aufgrund negativer Erfahrungen haben Eltern nichtdeutscher Kinder oft wenig Vertrauen in die Einrichtungen, beispielsweise dann, wenn ihre (religiösen/kulturellen) Wünsche und Vorstellungen nicht respektiert werden.

Vielen Eltern vermittelt sich der Eindruck, nur bei Problemen angesprochen zu werden, etwa wenn es um Verhaltensauffälligkeiten und Lernprobleme ihrer Kinder geht. Einrichtungen und Institutionen hingegen stellen fest, dass ihre Bemühungen auch Migranteneltern miteinzubeziehen, häufig ins Leere laufen, z. B. wenn die Eltern sich nicht an den Veranstaltungen beteiligen. Deshalb ist es besonders wichtig, Multiplikatoren (Dolmetscher) einzusetzen, die Brücken bauen können. Sicherlich sind auch hier ein gutes Konzept, eine Menge Fingerspitzengefühl und Engagement notwendig, um sich aufeinander zu zu bewegen. Es ist nicht immer leicht einen Kompromiss zu finden, mit dem alle Seiten leben können. Viele Institutionen gehen bereits neue Wege, in dem sie Aushänge, Briefe und Einladungen auch in die Muttersprache der nichtdeutschen Kinder übersetzen lassen. Häufig können Dolmetscher für Elterngespräche und Elternabende gewonnen werden. Hausbesuche, Mitfeiern typischer Feste oder eine Einladung zum Mütterfrühstück können weitere Ansatzpunkte sein. Sicherlich lassen sich damit nicht alle Schwierigkeiten aus dem Weg räumen, die Chancen miteinander in Kontakt zu kommen werden aber erhöht. Entscheidend für eine erfolgreiche Zusammenarbeit mit Eltern ist jedoch eine Veränderung der eigenen Perspektive. Statt sich zu fragen, was man/frau von den Eltern erwartet, sollte besser die Frage: „Was wollen die Eltern?" im Vordergrund stehen. Dadurch erfahren wir eine Menge über die Bedürfnisse und Wünsche der Eltern und können zielgerichtet arbeiten.

Das Thema „Spiele aus anderen Ländern" ist eine gute Möglichkeit, Eltern als Experten für ihr Land zu gewinnen. Wenn Eltern in ihrem Wissen und in ihrer Kompetenz gefragt sind, dann sind sie häufig gerne bereit, sich aktiv einzubringen. Um nur einige Beispiele zu nennen:

- Eltern können Spiele aus ihrer Kindheit vorstellen
- Eltern können Musikkassetten mitbringen
- Eltern können aus einem Buch vorlesen
- Eltern können aus „1. Hand" über Feste, Sitten und Bräuche informieren und bei der Planung mithelfen und den Ablauf unterstützen

Überprüfen Sie Ihre Arbeit auch anhand folgender Fragen:

- Werden die Eltern so weit wie nur möglich einbezogen?
- Werden die Migranteneltern angeregt sich an Aktivitäten zu beteiligen, z. B. durch Vorlesen, gemeinsames Kochen, Singen und vor allem Spielen?
- Werden ggf. Dolmetscher eingesetzt, wenn es sprachliche Verständigungsschwierigkeiten gibt?
- Sind wichtige Informationen den Eltern auch in mehreren Sprachen zugänglich?
- Wird allen Eltern die nötige Unterstützung gegeben, um sich aktiv bei Entscheidungen einzubringen, z. B. bei der Gestaltung des Außengeländes, bei der Festgestaltung?
- Werden religiöse Essgewohnheiten berücksichtigt?
- Ist die Einrichtung so gestaltet, dass sich alle Eltern und Kinder willkommen fühlen, z. B. durch ein mehrsprachiges Begrüßungsschild an der Eingangstür?

Interkulturelle Erziehung findet mehr als einmal im Jahr statt

Grundsätzlich begünstigt der häufige Einsatz von Spielen und die Präsenz von Materialien aus aller Welt ein offenes Klima, in dem sich alle gleichermaßen wohl fühlen können. Ein einziges Fest pro Jahr, bei dem die Migranten mit entsprechender Beteiligung für ein wenig Exotik sorgen, z. B. in Form von Imbissständen und der Darbietung folkloristischer Einlagen, reicht dafür nicht aus. Dies kann bestenfalls ein Anfang des gegenseitigen Kennenlernens sein. Im Rahmen einer stetigen interkulturellen Erziehung ist es andererseits zu begrüßen, wenn gemeinsam ein Fest oder eine Spielaktion organisiert wird.

Während eines solchen Festes könnte auch eine Spielaktion durchgeführt werden. Die in diesem Buch beschriebenen Spielketten können dazu als Anregung dienen. Sie können beim Übernachtungsfest in der Einrichtung, in der Ferienfreizeit usw. durchgeführt werden. Falls möglich, sollten die Eltern aller Kinder hinzukommen, wofür aber eine frühzeitige Planung sowie die persönliche und schriftliche Einladung der deutschen und nichtdeutschen Eltern notwendig ist.

Zur Umsetzung einer interkulturellen Erziehung reicht der Einsatz entsprechender Lieder und Spiele allerdings allein nicht aus. Daher folgen die wichtigsten Anregungen an dieser Stelle:

- Entwicklung und Umsetzung einer interkulturell ausgerichteter Konzeption bzw. eines interkulturell ausgerichteten Schulprogramms;
- stärkere Berücksichtigung von Fachkräften mit eigenem Migrationshintergrund bei Ausbildung und Beschäftigung;
- Förderung der Zusammenarbeit von/mit deutschen und nichtdeutschen Eltern;
- kritische Auseinandersetzung mit eigenen Vorbehalten und Vorurteilen;
- Förderung der interkulturellen Kompetenz in Aus- und Fortbildung von Erzieher/innen, Lehrer/innen und Sozialpädagog/innen;
- besuchen Sie Fortbildungen zu den Themen interkulturelle Erziehung, Zweisprachigkeit, Spielpädagogik;
- besuchen Sie andere Einrichtungen, Gruppen, die interkulturell arbeiten;
- beziehen Sie Fachberater/innen, den Träger, andere Gruppen im Stadtteil ein.

Weiterführende Literatur wird im Anhang empfohlen.

Spiele aus aller Welt

Über die Spiele

Es leben viele Millionen Kinder auf unserer Erde. Einige wohnen in großen Städten oder in kleinen Dörfern, manche sind umgeben von viel Wald, andere leben in der Wüste, wieder andere in sehr bergigen Gebieten oder im ewigen Eis. Kein Kind sieht einem anderen absolut gleich. Da gibt es Kinder mit heller oder dunkler Haut, große, kleine, dicke oder dünne Kinder. So einzigartig jeder Mensch auch ist, eines machen alle Kinder gleich gerne: Sie spielen gerne!

Die hier zusammengetragenen Spiele sind von vielen Verwandten, Freunden und Bekannten aus aller Welt gesammelt worden. Die Spiele sind größtenteils mündlich überliefert worden, mögliche Abweichungen zu bekannten Spielen sind daher durchaus möglich. Die genannten Spiele sind in den Ländern weit verbreitet, das bedeutet jedoch nicht automatisch, dass dies auch ihr Ursprungsland ist. In jedem Land gibt es regionale Unterschiede. Es ist gut denkbar, dass ein z. B. türkisches Kind das Spiel „KÖR BEKÇI" unter dem Titel „KÖR EBE" kennt oder ein deutsches Kind mit dem Spiel „Ochs am Berg, eins, zwei, drei" gar nichts anzufangen weiß, da es in seiner Umgebung „Eins, zwei, drei, um" heißt.

In einigen Ländern gibt es besonders ausgefallene Spiele. Zum Beispiel ein „verrücktes Ballspiel" aus Mexiko, da darf der Ball mit allen Körperteilen, außer den Händen und Füßen, berührt werden. Erstaunlich ist, dass es einige Varianten eines Spieles aus ganz anderen Ländern gibt. Eine Variante des eben beschriebenen Spieles kommt aus Thailand. Die Spiele, die fast identisch sind, werden nur einmal ausführlich erklärt. Sind zwei Spiele gleich, so werden nur das Land und der Titel aufgeführt. Gibt es Regelunterschiede wird selbstverständlich darauf verwiesen.

Die genannten Spiele sind in der Regel für Kinder im Alter zwischen vier und zehn Jahren (und älter) gedacht. Der Entwicklungsstand jedes einzelnen Kindes ist trotz gleichen Alters oft unterschiedlich. Der Spielleiter hat zu prüfen, welche Spiele für „seine" Spieler geeignet sind und wählt sie dem Entwicklungsstand entsprechend aus.

Die Angaben zur Anzahl der Spieler ist als Anhaltspunkt zu sehen. Viele Spiele können mit mehr oder weniger Spielern gespielt werden. Eine einfache Änderung der Spielregel genügt da meistens schon. Manche Spiele sind offensichtlich nur für zwei Spieler geeignet, diese Spiele können auch oft von zwei Mannschaften oder als Großgruppenspiel (die Spieler stellen die Spielfiguren dar) gespielt werden.

Das Material, das bei den Spielen verwendet wird, ist in der Regel schnell zur Hand. Statt z. B. Bohnen oder Pfirsichkernen sind ebenso gut Steinchen oder andere Kleinigkeiten verwendbar. Die Kreativität der Spielleiter ist hier gefragt.

Die angegebenen Spielbeschreibungen geben zunächst einmal Sicherheit, aber dennoch kann eine neue Variante das Spiel durchaus bereichern. Die meisten Spiele lassen Raum für eigene, neue Variationsmöglichkeiten. Viele Spiele sind für den Außenbereich beschrieben, sie lassen sich mit ein wenig Fantasie und Organisationstalent aber leicht in Spiele für drinnen umändern und umgekehrt.

Damit Kinder auch weiterhin Lust am Spielen haben, ist darauf zu achten, dass in einer Spieleinheit nicht nur der Wettkampf im Vordergrund steht, sondern auch „Spiele ohne Verlierer" mit aufgenommen werden. Eine Spielrunde sollte mit Spielen gefüllt sein, die ein unterschiedliches Spieltempo haben. Ruhigere Spiele wechseln sich mit lebhaften ab.

Eine Anmerkung ist uns noch wichtig. Spiele bei denen z. B. der „schwarze Mann" vorkommt, sind im Sinne des Interkulturellen Spielens nicht geeignet. Auch wenn in vielen Fällen die Herkunft dieser Bezeichnungen gar nichts mit einer Person mit schwarzer Hautfarbe zu tun hat, so ist es doch für die Kinder heute nicht nachvollziehbar und führt zur Stigmatisierung einer bestimmten Personengruppe. (Das Spiel: „Wer hat Angst vorm schwarzen Mann" entstand in der Zeit, als die Pest um sich griff und der „schwarze Mann" – Totentänze vollbrachte.) Die Änderung eines Titels bedarf keiner großen Kunst.

Ballspiele

Ballspiele sind bei Kleinen und Großen sehr beliebt. Das Spiel mit dem Ball gehört zu den ältesten Beschäftigungen und zu den Spielarten, die sehr variantenreich sind. Häufig ergeben sich aus der Spielsituation heraus verschiedene Abwandlungen. Die Kinder, aber auch die Erwachsenen können sich bei Ballspielen meist so richtig austoben. Der Ball bietet vielfältige Aktionsmöglichkeiten: Sie können alleine, zu zweit, in Klein- oder in Großgruppen gespielt werden. Bälle haben unterschiedliche Größen und sind unterschiedlich schwer. Da gibt es ganz kleine, leichte Tischtennisbälle oder große, schwerere Medizinbälle oder gar noch größere Erdbälle, die wiederum sehr leicht sind. Ebenso ist die Auswahl des Materials, aus dem ein Ball

bestehen kann, sehr vielfältig. In einigen Ländern werden die Bälle von den Kindern selber hergestellt. Es werden Stoffstreifen zusammengeknotet, aufgerollt und mit Gummibändern umwickelt. Fällt der Ball beim Spielen einmal auseinander, wird er einfach wieder zusammengebunden. Bei anderen Bällen werden viele Schichten Papier um einen Stein gewickelt, bis er die gewünschte Größe hat und dann mit verschiedenen Schnüren (Streifen von Palmblätter) zusammengebunden. Ebenso können Luftballons oder kleine Tüten mit unterschiedlichem Material (Watte, Sand) gefüllt werden. Auf den folgenden Seiten sind Ballspiele beschrieben, die hauptsächlich mit nur einem Ball gespielt werden, einige andere benötigen zusätzliches Material.

Albanien
„TOP E GROP"

Alter: ab 8 Jahren
Spieler: mindestens 4
Material: 1 Softball
Spieltempo: ruhig ○ ○ ✔ ○ ○ lebhaft

Spielbeschreibung:

Dieses Spiel ist überall spielbar, wo Löcher in der Größe des Balles in die Erde/Sand gebuddelt werden können.

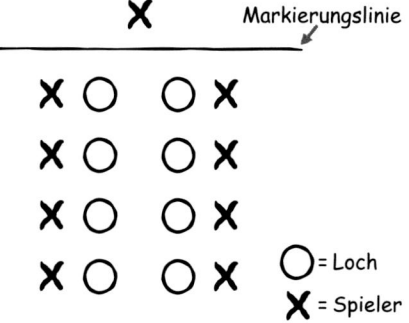

Markierungslinie

○ = Loch
✗ = Spieler

Zunächst werden die Löcher, wie in der Skizze dargestellt, in die Erde gebuddelt. Dann wird ausgelost, wer zu welchem Loch gehört und wer als Erster den Ball werfen darf. Jeder Spieler hat zu Beginn die gleiche Anzahl von Bonuspunkten (z. B. pro Mitspieler 1–2 Punkte). Die Spieler stellen sich neben ihre Löcher. Vor der Markierungslinie steht der erste Ballwerfer. Er versucht nun den Ball in eines der Löcher zu rollen. Gelingt dies, muss der Besitzer des Loches blitzschnell den Ball nehmen und eines der anderen Kinder abwerfen. Wird ein Kind getroffen, verliert es einen Bonuspunkt und ist nun selbst der Ballwerfer. Kann der Lochbesitzer keinen abwerfen, wird er selbst zum Ballwerfer und bekommt einen Punktabzug. Gelingt es dem ersten Ballwerfer allerdings nicht, ein Loch zu treffen, muss er erneut werfen/rollen (höchstens 3x hintereinander, dann wird gewechselt) und er hat einen Punkt weniger. Für jeden Treffer erhält der Spieler einen Punkt.

Gewonnen hat der Spieler mit den meisten Punkten.

Variante:

Dieses Spiel kann auch in einem größeren Raum, z. B. eine Turnhalle, gespielt werden, anstatt Löcher zu graben werden Reifen oder Ringe hingelegt.

Brasilien
„REGENBOGENBALL"

Alter: ab 6 Jahren
Spieler: beliebig
Material: 1 „Ball" = längliches, mit Sand gefülltes Flugobjekt mit Bändern oder Federn, z. B. Indiaca
Spieltempo: ruhig ○ ○ ○ ✔ ○ lebhaft

Spielbeschreibung:

Der Flugball wird immer mit der flachen Hand und meist ausgestrecktem Arm gespielt. Es ist sinnvoll, oft damit zu üben, da der Regenbogenball sich etwas anders verhält als ein normaler Ball. Häufig spielen einzelne Kinder gegeneinander und versuchen, wer seinen Regenbogenball am längsten in die Luft schlagen kann, ohne dass er herunterfällt.

Dieses Spiel kann auch von zwei Mannschaften gespielt werden. Sie zählen dabei laut, wie oft sie sich den Regenbogenball zuwerfen. Ein Punkt ist gewonnen, wenn der Ball zehn Schläge lang in der Luft und in der eigenen Mannschaft bleiben kann. Die gegnerische Mannschaft versucht unterdessen ihnen den Ball abzuluchsen.

Dänemark
„FLASHWALTESPIL"
(Flaschenspiel)

Alter: ab 5 Jahren
Spieler: ab 5
Material: pro Spieler eine mit Wasser gefüllte Flasche, 1 Ball
Spieltempo: ruhig ⬡ ⬡ ✔ ⬡ ⬡ lebhaft

Spielbeschreibung:

Die Kinder stehen im Kreis. Vor ihnen steht je eine mit Wasser gefüllte Flasche. Ein Spieler beginnt und versucht mit dem Ball eine Flasche umzuwerfen und diese somit zu entleeren. Der Spieler, der zu dieser Flasche gehört, stellt sie schnell wieder auf und versucht nun ebenfalls eine andere Flasche zu treffen. Dies geht immer weiter, bis alle Flaschen leer sind.

Deutschland
„HALLI-HALLO"

Alter: ab 6 Jahren
Spieler: beliebig
Material: 1 Ball
Spieltempo: ruhig ⬡ ⬡ ✔ ⬡ ⬡ lebhaft

Spielbeschreibung:

Die Spieler stehen im Halbkreis. In der Mitte steht der Werfer und denkt sich eine Zahl aus, die zwischen 1 und 100 liegt. Diese Zahl muss von den anderen Spielern erraten werden. Der Werfer wirft nun dem ersten Spieler den Ball zu. Dieser sucht sich eine Zahl aus, wirft den Ball zurück und sagt im gleichen Moment die Zahl. Stimmt die Zahl mit der des Werfers nicht überein, so sagt der Werfer entweder „mehr" oder „weniger". Er wirft nun dem zweiten Spieler den Ball zu. Dies geht so weiter bis ein Spieler die richtige Zahl nennt. Der Werfer sagt nun „Halli-Hallo" wirft den Ball hoch in die Luft und rennt schnell zu einem bestimmten Punkt hin (dieser Punkt wird vorher bestimmt). Der andere Spieler, der die Zahl richtig geraten hatte, fängt den Ball auf und versucht, noch bevor der Werfer an dem bestimmten Punkt ankommt, diesen abzuwerfen. Gelingt dies, so bleibt der Werfer in seinem „Amt" und denkt sich wieder eine Zahl aus. Gelingt es dem Spieler allerdings nicht den Werfer zu erwischen, so wird er selber zum Werfer und denkt sich eine Zahl aus. Das Spiel beginnt von neuem.

Indien
„STEINPYRAMIDE"

Alter: ab 5 Jahren
Spieler: 4–12
Material: viele Steinchen, 1 Ball
Spieltempo: ruhig ⬡ ⬡ ⬡ ✔ ⬡ lebhaft

Spielbeschreibung:

Die Kinder teilen sich in zwei Gruppen auf. Viele kleine Steinchen werden zu einer Pyramide zusammengelegt. Die eine Gruppe versucht nun mit dem Ball, der aus ca. 1–1,5 m Entfernung geworfen wird, den Steinhaufen zu treffen, so dass dieser auseinander fällt. Die Kinder dieser Gruppe müssen nun die Steinpyramide wieder aufbauen. Gleichzeitig laufen die Kinder der anderen Gruppe dem Ball hinterher und bringen ihn so flott wie möglich zum Ausgangspunkt zurück. Die Gruppe, die ihre Aufgabe schneller erledigt hat, darf nun den Ball werfen.

ehem. Jugoslawien
„IZMEDJU DVE VATRE"
(Zwischen zwei Feuern)

Alter: ab 6 Jahren
Spieler: ca. 10 bis 20 (2 Mannschaften)
Material: 1 Ball
Spieltempo: ruhig ○ ○ ○ ✔ ○ lebhaft

Spielbeschreibung:

Es werden zwei Mannschaften gebildet. Die eine Mannschaft wählt einen Mitspieler aus, der den „Brenner" spielt. Dafür steht er in einem Kreis, den er während des Spiels auch nicht verlassen darf. Seine Mitspieler verteilen sich auf dem Spielfeld. Um das Spielfeld werden vier Stationen errichtet, an denen sich die gegnerischen Mitspieler in Sicherheit bringen können. Die Mannschaft, die außen steht, stellt sich hintereinander auf. Der vorderste Mitspieler wirft sodann den Ball soweit er kann in das Spielfeld. Gleichzeitig versucht er das Feld zu umrunden. Dabei muss er immer bis zu einer Station kommen, bevor der Brenner von seinen Mitspielern im Feld den Ball zugeworfen bekommt. Dann prellt er den Ball einmal in dem Kreis auf. Wenn sich der gegnerische Spieler in diesem Moment nicht an einer sicheren Station befindet, wird er „verbrannt", das heißt, er muss sich bei seiner Mannschaft wieder hinten anstellen, ohne einen Punkt errungen zu haben, ansonsten versucht er bei den nächsten Würfen seiner Mannschaft zu den nächsten Stationen zu gelangen oder den Rest des Spielfeldes zu umrunden. Nach einer festgelegten Zeit tauschen die Mannschaften. Es hat die Mannschaft gewonnen, die die meisten Punkte erringen konnte.

Kamerun
„SPASSBALL"

Alter: ab 4 Jahren
Spieler: beliebig
Material: 1 kleiner Ball, etwas Platz
Spieltempo: ruhig ○ ○ ✔ ○ ○ lebhaft

Spielbeschreibung:

Dieses Spiel hat keine Sieger und keine Verlierer. Die Kinder spielen es aus Freude an der Bewegung. Die Spieler teilen sich in zwei gleich große Mannschaften auf und ziehen auf dem Spielfeld eine Mittellinie. Diese darf von keinem Spieler überquert werden. Die beiden Mannschaften stehen zwei Meter weg von der Mittellinie. Der erste Spieler beginnt und wirft den Ball einem gegnerischen Spieler zu. Während der Ball fliegt, klatschen alle Spieler einmal in die Hände. Ist der Ball aufgefangen worden, wird mit den Füßen auf den Boden gestampft. Der Ball wird nun wieder zurückgeworfen, dabei wird geklatscht und gestampft. Wird der Ball nicht gefangen, gibt man ihn an der Werfenden zurück, dieser probiert es noch einmal.

Mexiko
„TLACHTLI"
(Verrückter Ball)

Alter: ab 8 (10) Jahren
Spieler: 2 Mannschaften mit je 10 Spielern
Material: 1 Softball
Spieltempo: ruhig ○ ○ ○ ✔ ○ lebhaft

Spielbeschreibung:

Ein Spielfeld der Größe 50 x 20 Meter wird in vier gleich große Teile unterteilt, zwei Hinter- und zwei Mittelhöfe. Die beiden Mannschaften werden durch die Mittellinie getrennt. Die Spieler verteilen sich in ihren Höfen. Ein beliebiger Spieler einer Mannschaft schlägt nun den Ball in die Luft. Dieser darf nur mit den Schultern, Hüften, Knien oder dem Rücken geschlagen werden. Das Schlagen und Stoßen mit Beinen und Armen ist nicht erlaubt. Schafft es eine Mannschaft, den Ball von der Mittellinie bis zur Ziellinie zu bekommen, ohne dass er dabei auf den Boden fällt, erhält diese Mannschaft fünf Punkte gut geschrieben. Die Mannschaft, die als Erstes 25 Punkte hat, gewinnt.

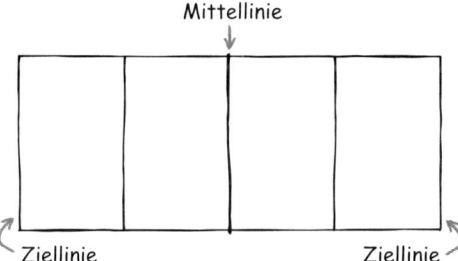

Mittellinie

Ziellinie   Ziellinie

Variante:

In **Thailand** ist ein ähnliches Spiel unter dem Titel **„TAKRAW"** bekannt. Es wird von Kindern ab fünf Jahren gespielt. Ein weicher Ball und ca. zehn Spieler werden benötigt. Die Kinder stehen in einem Kreis zusammen, so dass jeder sich gut bewegen kann und nicht zu dicht bei seinen Partnern steht. Ein Spieler wirft nun den Ball einem Spieler zu, dieser versucht ihn weiterzugeben, darf dabei aber nicht die Hände, sondern nur alle anderen Körperteile, z. B. den Kopf, Bauch, Beine, Po, Knie verwenden. Der Ball wird nur in der Eröffnungsrunde mit der Hand geworfen. Dieses Spiel wird hauptsächlich gespielt, weil es Spaß macht, es kann daraus aber auch ein Wettkampfspiel werden. Wer die Hände benutzt oder den Ball dreimal verfehlt hat, scheidet aus. Der geschickteste Spieler bleibt übrig und gewinnt.

Niederlande
„NAMENSSPIEL"

Alter: ab 4 Jahren
Spieler: ca. 8 bis 10, bei Älteren mehr Spieler
Material: 1 (3) Ball
Spieltempo: ruhig ○ ○ ○ ✔ ○ lebhaft

Spielbeschreibung:

Die Spieler stehen im Kreis. Ein Spieler hält den Ball, sagt seinen Namen und wirft dann den Ball einem anderen Spieler zu. Dieser sagt ebenfalls seinen Namen und wirft den Ball weiter. Dies geht solange, bis sich alle Spieler vorgestellt haben. In der nächsten Runde wird nun der Name des Spielers genannt, der den Ball erhalten soll. Dieser fängt den Ball auf, nennt wieder einen Namen usw. Wer den Namen eines Spielers vergessen hat, fragt diesen: „Wie heißt du?", wiederholt den Namen und wirft dann den Ball weiter. In den folgenden Runden kann ein zweiter und ein dritter Ball dazu genommen werden. Jetzt heißt es aufgepasst! Es kann auch der Name des werfenden Spielers genannt werden. Wichtig ist, dass alle nach dem gleichen Schema die Namen rufen, sonst wird es kompliziert.

Variante:

Dieses Spiel kann auch mit einer Gruppe gespielt werden, die sich bereits gut kennt. Jeder Spieler denkt sich dann einen Fantasienamen (Märchenfiguren, Comicfiguren, Blumen, Tiere, ...) aus.

Die Spieler könnten ebenso mit einem imaginären Ball spielen, das heißt sie tun so, als ob sie in echt einen Ball werfen würden. Es muss auch nicht unbedingt ein Ball (Tennisball, Tischtennisball, Medizinball, ...) sein, es kann auch etwas anderes zugeworfen werden, z. B. ein Ei, ein Hut oder eine Luftschlange.

Papua-Neuguinea
ohne Titel

Alter: ab 5 Jahren
Spieler: ab 4
Material: 1 Ball und 3 leere Konservendosen
Spieltempo: ruhig ⭕ ⭕ ✔ ⭕ ⭕ lebhaft

Spielbeschreibung:

Die Kinder teilen sich in etwa zwei gleich
große Gruppen auf. Die eine Gruppe beginnt
und baut die drei Dosen zu einem Turm übereinander. Ein Spieler dieser Gruppe nimmt
nun den Ball und versucht die Dosen zu treffen. Gelingt es die Dosen umzuwerfen, müssen
diese Spieler so schnell wie möglich den Turm
wieder aufbauen. Die andere Gruppe dagegen
läuft schnell dem Ball hinterher und versucht
einen Spieler der Mannschaft, die den Ball geworfen hat, abzuwerfen. Wer seine Aufgabe zuerst erfüllt hat, darf nun den Ball auf den Do-
senturm werfen. Wurden die Dosen dreimal
hintereinander nicht getroffen, geht das Wurf-
recht an die andere Mannschaft.

    In *Kenia* sagen die Kinder zu diesem Spiel
„NAGE". Es wird dort genauso wie in Papua-
Neuguinea gespielt.

Variante:

Sie kommt von den Kindern aus *Afrika* und
heißt *„WINA"*. Hier teilen sich die Spieler wieder in zwei Gruppen auf. Dieses Mal müssen
keine Dosen aufeinander gestellt, sondern
eine Flasche mit Sand gefüllt werden. Die eine
Gruppe füllt Sand in die Flasche, während ein
Spieler der anderen Gruppe mit dem Ball versucht ein Kind abzuwerfen. Die Gruppe, die
es schafft, die Flasche mit Sand zu füllen, gewinnt. Der Sand wird beim Wechseln nicht
ausgeschüttet. Beide Gruppen verwenden die
gleiche Flasche und füllen den Sand immer
weiter auf.

Polen
„WSZYSTKIE DZIECI SKAMIENIALE"
(Alle Kinder sind versteinert)

Alter: ab 4 Jahren
Spieler: beliebig
Material: 1 Ball
Spieltempo: ruhig ⭕ ⭕ ✔ ⭕ ⭕ lebhaft

Spielbeschreibung:

Alle Spieler stellen sich im Kreis auf. Ein Spieler steht in der Mitte und wirft nun den Ball
hoch in die Luft. Jetzt dürfen sich alle Spieler
bewegen. Der Spieler, der den Ball hochgeworfen hat, ruft nun: „Alle Kinder sind verstei-
nert!" Sie müssen, sobald der Ball auf den
Boden aufkommt, ganz starr stehen bleiben.
Die Spieler, die sich danach noch bewegen,
werden mit dem Ball abgeworfen (die jüngeren Spieler mit Namen genannt) und scheiden
aus. Das Spiel geht solange weiter, bis nur noch
ein Spieler übrig bleibt. Dieser Spieler wird
nun zum Ballwerfer und geht in die Mitte des
Kreises.

Variante:

Der Spieler, der mit dem Ball abgeworfen oder
dessen Namen genannt wurde, scheidet nicht
aus, sondern wird zum Ballwerfer und geht in
die Mitte.

Russland
„SJEDOBNYJ – NJESJEDOBNYJ"
(ESSBAR – NICHT ESSBAR)

Alter: ab 5 Jahren
Spieler: ab 6
Material: 1 Ball
Spieltempo: ruhig ⭕ ⭕ ✔ ⭕ ⭕ lebhaft

Spielbeschreibung:

Ein Spieler steht auf der einen Seite eines nicht zu großen Feldes, die anderen Kinder auf der gegenüberliegenden Seite.

Der einzelne Spieler hat den Ball und ruft: „Ich gebe dir ..." z. B. einen Apfel. Dabei wirft er den Ball einem Mitspieler zu. Bei essbaren Sachen muss der Mitspieler versuchen den Ball zu fangen und darf einen Schritt nach vorne gehen. Bei nicht essbaren Sachen (z. B. Stuhl oder Tisch) darf er den Ball nicht fangen und muss diesem noch ausweichen. Wird er getroffen oder reagiert er falsch, muss dieser Spieler einen Schritt wieder zurückgehen. Dem Spieler, dem es als Erstem gelingt, den Einzelspieler zu berühren, darf ihn ablösen.

Schweiz
„10er BALL"

Alter: ab 6 Jahren
Spieler: ab 1
Material: 1 Ball
Spieltempo: ruhig ⭕ ✔ ⭕ ⭕ ⭕ lebhaft

Spielbeschreibung:

Ein Spieler beginnt und wirft den Ball an eine Wand. Bevor er den Ball wieder auffängt, klatscht er einmal in die Hand. Er wirft den Ball erneut und versucht nun zweimal zu klat-

schen. Dies geht so weiter, bis er einen Fehler macht. Der nächste Spieler ist nun an der Reihe und wirft den Ball, klatscht einmal und fängt den Ball wieder auf. Wer zehnmal hintereinander klatschen kann, bevor der Ball runtergefallen ist, bekommt einen Punkt. Gewonnen hat der Spieler, der zuerst zehn Punkte besitzt.

Variante:

Ein hier in **Deutschland** bekanntes Spiel hat den Namen „*WANDBALL*". Die Kinder stehen nebeneinander, ca. zwei bis drei Schritte von einer Wand entfernt. Ein Spieler beginnt und wirft den Ball an die Wand und nennt sofort den Namen eines Mitspielers. Dieser Spieler versucht den Ball zu fangen, bevor er auf den Boden fällt, wirft ihn an die Wand und nennt ebenfalls einen Namen eines Mitspielers.

Syrien
„HERUMWIRBELN"

Alter: ab 4 Jahren, evtl. älter
Spieler: beliebig
Material: 1 oder mehrere Bälle
Spieltempo: ruhig ⭕ ⭕ ⭕ ✔ ⭕ lebhaft

Spielbeschreibung:

Bei diesem Spiel kann es den Spielern auch mal schwindelig werden, da sie sich, bevor sie den Ball auffangen, einmal um sich, selber drehen müssen. Die Regeln sind ganz einfach. Ball auf den Boden prellen – um sich selber drehen – Ball auffangen – einen Punkt sammeln. Kann man den Ball nicht fangen, gibt es natürlich keinen Punkt. Es kann vor Beginn des Spieles ausgemacht werden, wie oft sich jeder Spieler in einer Runde drehen darf, bevor der Nächste an der Reihe ist. Oder man wechselt nach jedem Versuch, um nicht zu schwindelig zu werden (bei jüngeren Kindern angebracht). Der Spieler mit den meisten Punkten hat wie immer gewonnen.

Türkei
„KALE TAŞI"
(Steinturm oder Turm aus Stein)

Alter: ab 6 Jahren
Spieler: ab 2 oder 2 Mannschaften
Material: viele Steine, 1 Ball
Spieltempo: ruhig ◯ ◯ ✓ ◯ ◯ lebhaft

Spielbeschreibung:

Die Steine werden zu einem Turm gebaut, die größeren unten, die kleineren oben. Ein Spieler wird ausgewählt und erhält den Ball. Er wirft nun den Ball auf den Steinturm, so dass dieser auseinander fällt. Die anderen Spieler, die bis jetzt neben dem Ballwerfer standen, laufen weg. Der Ballwerfer baut so schnell wie möglich den Steinturm wieder auf und ruft sofort „DUR", auf deutsch „STOP", wenn er fertig ist. Daraufhin müssen alle Spieler sofort dort stehen bleiben, wo sie sich gerade befinden. Der Ballwerfer darf jetzt drei Schritte gehen, umso näher an einen Mitspieler zu kommen. Er wirft den Ball und versucht einen Mitspieler zu treffen. Gelingt ihm das, so ist der abgeworfene Spieler der Ballwerfer. Das Spiel beginnt von neuem. Gelingt es ihm nicht oder fängt der Mitspieler den Ball auf, so darf er noch zweimal versuchen einen Mitspieler zu treffen. Hat er es nach dem dritten Versuch nicht geschafft, einen Spieler abzuwerfen, wird trotzdem getauscht und das dem Ballwerfer am nächsten stehende Kind wird nun Ballwerfer.

Vietnam
„STÄBCHENGREIFEN"

Alter: ab 5 Jahren
Spieler: 4 bis 8
Material: 1 kleiner Ball, 10 Stäbchen (Mikado oder Schaschlikspieße aus Holz oder kleine Ästchen)
Spieltempo: ruhig ◯ ✓ ◯ ◯ ◯ lebhaft

Spielbeschreibung:

Ein Spieler nimmt alle zehn Stäbchen in die Hand und lässt sie auf den Tisch oder Boden fallen. Nun wirft er den Ball hoch und versucht in dieser Zeit ein Stäbchen aufzuheben. Jetzt muss der Ball mit der Hand aufgefangen werden, in der sich auch das Stäbchen befindet. Gelingt dies gut, so darf der Ball erneut geworfen und das zweite Stäbchen aufgehoben werden. Der Spieler kann solange spielen, bis er den Ball nicht mehr fangen kann oder ihm ein Stäbchen aus der Hand fällt. Danach ist der nächste Spieler an der Reihe und verfährt ebenso. Sieger ist der Spieler, dem es als Ersten gelingt, alle zehn Stäbchen in einem Durchgang aufzuheben.

Variante:

Das Spiel kann auch mit mehr Stäbchen gespielt werden. Nach jedem Wurf wird nicht ein, sondern es werden zwei oder gar drei Stäbchen auf einmal hochgenommen.

Bewegungsspiele

Die Bewegung steht bei allen Spielen dieser Kategorie im Vordergrund, sie ist das Grundmotiv dieser Spiele. Bei den meisten Bewegungsspielen ist ein langes Vorbereiten nicht nötig. Ein schneller Spielbeginn ist möglich, da häufig kein oder nur wenige Materialien benötigt werden, die in jedem Haushalt zu finden sind. Meist brauchen die bewegungsintensiven Spiele viel Platz. Sie sind in unserer heutigen Zeit sehr wichtig geworden, da gerade viele Kinder in ihrer Freizeit eher bewegungsarmen Beschäftigungen nachgehen.

Bewegungsspiele sollten ganz selbstverständlich in den Alltag (in Kindergärten, Tagesstätten, Schu-len, Freizeit, Feste, Gruppenstunden) einfließen. Eine Gruppe unter den Bewegungsspielen sind Versteckspiele, sie bieten häufig die Möglichkeit, sich selber zu „retten", indem durch schnelles Rennen dem Abschlagen entkommen werden kann.

Kinder besitzen ihren eigenen Bewegungsdrang, daher sind sie oft nicht zu bändigen und toben sich am liebsten im Freien beim Spielen aus. Gerade in Städten oder stadtnahen Gebieten haben Kinder immer weniger Platz (bebaute Straßen, kleine Wohnungen, gepflasterte Hinterhöfe, …), deshalb ist es wichtig, die dort vorhandenen Plätze und Nischen zu suchen, zu erforschen und auch zu nutzen.

Brasilien
„KATZEN TATZEN"

Alter: ab 4 Jahren
Spieler: beliebig
Material: –
Spieltempo: ruhig ◯ ◯ ◯ ✓ ◯ lebhaft

Spielbeschreibung:

Ein Kind spielt die Katze und versucht alle anderen Mitspieler (Mäuse) zu fangen. Alle Kinder, die abgeschlagen sind, werden ebenfalls zu einer Katze, jedoch mit einer Besonderheit. Diese besonderen Katzen halten mit einer Hand genau die Stelle fest an der sie abgeschlagen worden sind. Sie dürfen nur mit der freien Hand/„Pfote" die anderen abschlagen. Das Kind, welches am längsten durchhält und nicht abgeschlagen wurde, hat gewonnen und spielt in der folgenden Runde nun die Katze.

Chile
„KETTENFANGEN"

Alter: ab 6 Jahren
Spieler: beliebig
Material: –
Spieltempo: ruhig ◯ ◯ ◯ ◯ ✓ lebhaft

Spielbeschreibung:

Ein beliebig großes Spielfeld wird abgesteckt. Dabei sind Alter und Anzahl der Spieler zu berücksichtigen. Das Kind, das beginnt, wird ausgelost (evtl. durch Knobeln oder einen Abzählreim). Es versucht nun ein Kind zu fangen und fasst dieses an der Hand. Beide versuchen nun weitere Kinder zu fangen, jedes gefangene Kind hält sich ebenfalls an der Kette fest. Die Kette wird dadurch immer länger. Die Kette darf beim Rennen nicht auseinander reißen.

Hat die Kinderkette alle Mitspieler gefangen, ist das Spiel zu Ende. Der zuletzt gefangene Spieler wird nun zum Fänger oder es wird ein Spieler, der sich freiwillig meldet.

In *Dänemark* ist das gleiche Spiel unter dem Namen *„KAEDETAGFAT"* (Kettenfangen) bekannt.

Variante:

In *Russland* wird ein ähnliches Spiel mit dem Titel *„NEVOD"* (Fischnetz) gespielt.

Die Spieler sind Fische und verteilen sich beliebig auf der Spielfläche. Zwei Mitspieler sind die Fischer. Sie fassen sich an den Händen und rufen „Komm, wir gehen Fische fangen". Mit den freien Händen versuchen sie, Spieler zu erwischen. Gelingt dies, nehmen sie den Gefangenen zwischen sich und bilden so eine Kette, das Fischnetz. Jeder, der gefangen wird, wird so ein Teil des Netzes. Das Spiel endet, wenn der letzte Fisch gefangen wurde. Es ist beim Spiel verboten, aufs „Ufer" zu springen, das heißt sich vom abgegrenzten Spielfeld zu entfernen. Man darf aber versuchen, aus dem Netz zu entkommen, bevor es zugezogen ist, das heißt, bevor die äußeren Spieler sich die Hände gegeben haben.

China
„WASSERGEIST"

Alter: ab 5 Jahren
Spieler: beliebig
Material: –
Spieltempo: ruhig ◯ ◯ ✓ ◯ ◯ lebhaft

Spielbeschreibung:

Ein Kind spielt den Wassergeist. Die anderen Kinder teilen sich in zwei gleich großen Gruppen auf. Jede Gruppe stellt sich in einer Reihe nebeneinander auf, so dass sie die andere

Gruppe ansehen kann. Zwischen den Gruppen ist der Fluss, indem der Wassergeist wohnt. Der Fluss ist ca. 15 Meter breit. Der Wassergeist „schwimmt" nun hin und her. Die eine Gruppe fragt die andere: „Wollt ihr uns besuchen? Dann kommt doch rüber." Die anderen antworten: „Nein, wir wollen nicht. Kommt ihr doch rüber." Dann rufen beide Gruppen gleichzeitig: „Im Fluss da wohnt der Wassergeist!" Daraufhin winkt der Wassergeist einem Kind zu. Dieses muss nun mit seinem gegenüberstehenden Kind den Platz tauschen und der Wassergeist versucht einen davon zu erwischen. Gelingt es dem Wassergeist eines der beiden zu fangen, so tauschen sie ihren Platz/Rollen. Gelingt es dem Wassergeist allerdings nicht ein Kind zu erwischen, so wiederholt sich der Dialog und der Wassergeist winkt einem anderen Kind zu. Hat der Wassergeist auch nach dem dritten Versuch kein Glück ein Kind zu fangen, werden trotzdem die Plätze getauscht.

Dänemark
„DASELEG" (Daselai)
(Dosenspiel)

Alter: ab 5 Jahre
Spieler: beliebig
Material: 1 Dose
Spieltempo: ruhig ○ ○ ✔ ○ ○ lebhaft

Spielbeschreibung:

Eine Person schließt die Augen, dreht sich um und zählt bis 20. Die anderen Kinder verstecken sich in dieser Zeit auf dem Gelände. Nach dem Zählen beginnt der Spieler mit dem Suchen. Die Mitspieler können sich „frei schlagen", indem sie zum Ausgangspunkt rennen, auf die Dose treten und rufen: „Eins, zwei, drei Karin in der Dose." – „En to tre Karin i dåsen."

Wer den Spruch aufsagen konnte, ohne abgeschlagen zu werden, ist frei und kann nicht wieder gefangen werden. Sind alle Spieler frei oder abgeschlagen, ist das Spiel zu Ende. Ein anderes Kind wird zum Sucher ausgewählt, das Spiel beginnt von vorne.

Variante:

In **Norwegen** heißt ein ähnliches Spiel **„BING BANG BLEKKBOKS"**
Material: 1 Karton oder Schuhschachtel (= die „Blekkboks")
Ein Spieler wird zum Sucher und Fänger gewählt, neben ihm steht die „Blekkboks". Der Fänger dreht sich mit dem Gesicht zur Hauswand oder zu einem Baum und zählt bis 20. Alle anderen Spieler verstecken sich in dieser Zeit. Ist der Fänger fertig mit Zählen, begibt er sich sofort auf die Suche nach den anderen. Beobachtet nun ein verstecktes Kind den Fänger, wie er sich von seinem Ausgangspunkt entfernt und glaubt, dass es schnell zur „Blekkboks" rennen kann, ohne erwischt zu werden, tut es dies. Er steigt schnell in die Blekkbox und sagt: „Bing bang blekkboks." Dann ist es frei und kann, nicht mehr vom Fänger abgeschlagen werden. Gelingt es dem Fänger, diesen Spieler zu erwischen, bevor er seinen Spruch fertig aufgesagt hat, wird er zum Fänger. Die anderen Kinder verstecken sich neu.

Dänemark
„ENKELEG"
(Witwenspiel)

Alter: ab 5 Jahren
Spieler: ca. 15 (ungerade Zahl)
Material: –
Spieltempo: ruhig ⬤ ⬤ ✓ ⬤ ⬤ lebhaft

Spielbeschreibung:

Ein Kind ist die Witwe. Die anderen Kinder stellen sich in Paaren hintereinander auf. Die Witwe steht vor den Paaren. Die Witwe ruft nun zweimal: „Vor die Witwe – lauf!" Nun müssen die beiden Hinteren getrennt nach vorne laufen, dabei läuft ein Spieler rechts und der andere links an den Paaren vorbei, um sich vorn wieder zu vereinen. Die Witwe aber versucht sich einen Spieler zu schnappen, denn auch sie möchte nicht länger alleine bleiben. Gelingt ihr das, so bildet sie mit dem gefangenen Spieler ein neues Paar und stellt sich vor die anderen Paare in die Reihe. Der allein gelassene Spieler ist nun die neue Witwe/Witwer. Das Spiel beginnt von neuem.

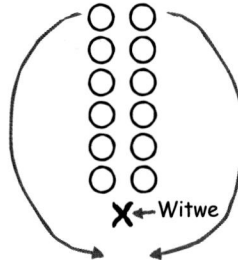

Variante:

In **Schweden** spielen die Kinder das gleiche Spiel. Dort heißt der Titel: „**SISTA PARET UT!**", was soviel wie „Letztes Paar nach vorn" heißt. Die Kinder stehen paarweise hintereinander. Ein einzelner Spieler (Fänger) steht vor den Paaren. Er ruft nun: „Sista paret ut!" Dann geht das Spiel wie in der dänischen Version weiter.

Dänemark
„HINKESTEIN"

Alter: ab 6 Jahren
Spieler: ab 1
Material: etwas Kreide, 1 Steinchen
Spieltempo: ruhig ⬤ ✓ ⬤ ⬤ ⬤ lebhaft

Spielbeschreibung:

Die Kästchen werden (wie in der Skizze) mit Kreide auf den Boden gemalt. Dann beginnt das erste Kind und wirft den Stein auf das erste Feld. Nun hüpft es auf einem Bein in die Kästchen. Dabei wird das Kästchen, in dem der Stein liegt, ausgelassen und bei doppelten Kästchen, wie bei 4/5, mit beiden Beinen gehüpft. Beim Zurückhüpfen wird der Stein nicht mit der Hand aufgehoben, sondern mit dem Fuß aus dem Feld geschubst. Ist bei dem Durchlauf kein Fehler passiert, darf man nun den Stein versuchen in Feld 2 zu werfen. Wer einen Fehler macht – das richtige Feld nicht trifft oder das Gleichgewicht verliert – der macht eine kleine Pause und der nächste Spieler ist an der Reihe. Man beginnt bei der Zahl, bei der ein Fehler aufgetreten ist. Wer als Schnellster die Kästchen richtig durchlaufen hat, ist Sieger.

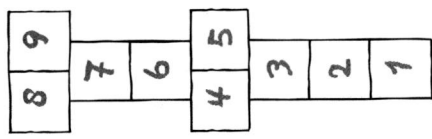

In **Costa Rica** hüpfen die Kinder ebenfalls gerne über solche Kästchen. Die Kinder sagen zu diesem Spiel „**RAYUELA**".

Variante:

Eine interessante Variante kommt aus **Kenia**. Dort wird das Hüpfspiel „**MTI**" genannt. Ist der Spieler bei der letzten Zahl angekommen, so hebt er seinen Stein auf und versucht ihn über seine Schulter (rückwärts) in das erste Feld zu werfen. Gelingt dies, wirft er wieder in das letzte Feld, hüpft dorthin, hebt den Stein auf und versucht ihn nun in Feld zwei zu werfen. Dies geht so weiter, bis der Spieler den Stein in das vorletzte Feld geworfen hat. Wer einen Fehler macht, pausiert und lässt den nächsten Spieler an die Reihe.

Variante:

In der **Türkei** kennt man **„SEK SEK"**, ein ähnliches Spiel wie oben genannt.

Es wird ein Viereck mit Kreide auf den Boden gemalt. Die Seitenlänge beträgt ca. einen Meter. Das Viereck wird nochmals durch zwei Längs- und Querstriche in neun gleich große Kästchen unterteilt. Die Kästchen erhalten der Reihe nach Nummern, von 1 bis 9. Nun wird in das erste Feld ein Stein gelegt. In der ersten Runde wird auf einem Bein hüpfend der Stein von Feld 1 nach Feld 2 mit der Fußspitze geschubst. Von Feld 2 nach 3 usw. bis er in Feld 9 landet. Dabei darf der Spieler nicht die Hände einsetzen und nicht auf die Linie hüpfen. Der Stein darf ebenfalls nicht auf einer Linie liegen bleiben oder neben dem Feld liegen. Macht ein Spieler einen Fehler, so kommt der Nächste an die Reihe und muss wieder ganz von vorne beginnen. In der zweiten Runde wird mit beiden Beinen gleichzeitig gehüpft und in der dritten wieder nur auf einem Bein, doch diesmal mit dem anderen.

Finnland
„10 TIKKUA LAUDALLA"
10 kleine Stöcke auf dem Brett

Alter: ab 5 Jahren
Spieler: ab 3
Material: 1 Brett, 10 kleine Stöckchen (ca. 7 cm lang), 1 Stein
Spieltempo: ruhig ○ ○ ✓ ○ ○ lebhaft

Spielbeschreibung:

Das Brett wippt auf einem Stein. Am Anfang liegen die Stöcke auf dem Brett. Wenn ein Sucher gewählt worden ist, tritt jemand das Brett so, dass die Stöcke in die Luft fliegen und durcheinander wirbeln. Beim Hochfliegen dürfen die anderen Kinder schon weglaufen, um sich zu verstecken. Der Sucher sammelt die Stöckchen zusammen, legt diese erneut auf das Brett und ruft: „Fertig!" Dann beginnt die eigentliche Suche. Immer wenn der Sucher ein Kind findet, muss er schnell zurück zum Brett laufen und den Namen des gefundenen Kindes laut rufen. Das gefundene Kind bleibt am Brett gefangen, bis ein anderes Kind schneller am Brett ist als der Sucher. Wenn aber das gefundene Kind schneller am Brett ist, darf es das Brett treten – die Stöckchen fliegen hoch – und sich erneut verstecken. Der Sucher muss die Stöcke wieder auf dem Brett sammeln und „Fertig!" rufen. Wenn es jemand schafft, das Brett zwischendurch zu treten, dürfen sich auch die Gefangenen wieder verstecken. Wenn alle Kinder gefunden worden sind, ist der erste Gefundene der Sucher.

Das **„STÄBCHENVERSTECK"** ist ein in **Deutschland** bekanntes Spiel. Die Kinder spielen es genauso, wie es in Finnland gespielt wird.

Frankreich
„LE CHAISES MUSICALES"
(Reise nach Jerusalem)

Alter: ab 4 Jahren
Spieler: beliebig
Material: Stühle, Musik oder Instrument
Spieltempo: ruhig ○ ○ ○ ✔ ○ lebhaft

Spielbeschreibung:

Die Stühle werden mit den Stuhllehnen aneinander in zwei Reihen aufgestellt. Es ist dabei ein Stuhl weniger aufgestellt als Spieler mitmachen. Der Spielleiter schaltet die Musik ein und alle Spieler laufen im Kreis um die Stühle herum. Macht die Musik eine Pause, versucht jeder Spieler einen Stuhl zu ergattern. Der Spieler, der keinen Stuhl erhalten hat, nimmt sich einen von den aufgestellten weg und scheidet aus. Die Musik beginnt und alle laufen wieder weiter. Dies geht solange, bis nur noch ein Spieler übrig bleibt.

Variante:

Kooperativ! Wie oben beschrieben gehen die Kinder um die Stühle herum und setzen sich auf die Stühle. Bei jeder Runde wird ein Stuhl weggenommen und alle Kinder versuchen einen Platz auf den Stühlen zu bekommen, dabei sollten alle Kinder die Füße vom Boden weg haben. Gegenseitiges Helfen steht im Vordergrund. Zum Schluss sitzen alle Kinder auf nur noch vier Stühlen.

In **Schweden** ist dieses Spiel unter der Bezeichnung **„HELA HAVET STORMAR"** bekannt, was soviel heißt wie: Das ganze Meer tobt. Dieses Spiel ist ebenso in **Deutschland** als **„REISE NACH JERUSALEM"** bekannt. In englischsprachigen Ländern, wie **USA** und **Großbritannien** und **Australien**, findet es sich als **„MUSICAL CHAIR"**, der musikalische Stuhl, wieder. In Großbritannien ist kürzlich die

Frage aufgetaucht, ob das Spiel nicht ganz verboten werden solle, da sich der jeweilige Verlierer ausgegrenzt (diskriminiert) fühlen könnte.

Variante:

Die Kinder singen selber Lieder, während sie um die Stühle laufen. Wenn der Spielleiter einen Gong, Knall oder Ähnliches (immer dasselbe Signal verwenden) ertönen lässt, setzen sich alle schnell auf die Stühle. Wer keinen Stuhl bekommen hat, wird nun Spielleiter. Der vorhergehende Spielleiter spielt nun selber mit. Das bedeutet, dass kein Stuhl entfernt werden muss.

Frankreich
„UN, DEUX, SOLEIL"
(Eins, zwei, Sonne)

Alter: ab 5 Jahren
Spieler: beliebig
Material: –
Spieltempo: ruhig ○ ○ ✔ ○ ○ lebhaft

Spielbeschreibung:

Ein Kind wird ausgelost und steht in einigen Metern (ca. 10–15 m) Entfernung mit dem Rücken zu den anderen Kindern. Die anderen Kinder stellen sich nebeneinander in einer Reihe auf und laufen in kleinen Schritten auf dieses Kind zu, solange es seinen Spruch sagt. Es sagt: „Un, deux, soleil", danach dreht es sich schnell um. Wer in Bewegung gesehen wird, fängt leider wieder von vorne an, geht also zur Anfangslinie zurück. Das Kind, das zuerst, ohne bemerkt zu werden, das einzelne Kind berührt hat, hat gewonnen.

In **Deutschland** wird ein ähnliches Spiel gespielt. Es heißt: **„OCHS AM BERG – EINS, ZWEI, DREI!"** (in manchen Gegenden auch „Eins, Zwei, Drei – um"). Die Kinder stehen wie oben in einer Linie, das einzelne Kind ist der „Ochs" und dreht sich um, sagt seinen Spruch und dreht sich blitzschnell wieder um. Es nennt alle Namen der Kinder, die sich noch bewegen und schickt sie so wieder zum Anfang zurück.

Dieses Spiel wird auch gerne in **Italien** gespielt, dort wird es: *„UNO, DUE, TRE – STELLA!"* (Eins, zwei, drei – Stern!) genannt.

Griechenland
„NUI ESTILAN ENA GRAMMA!"
(Ein Brief wurde geschickt)

Alter: ab 6 Jahren
Spieler: beliebig
Material: etwas Kreide
Spieltempo: ruhig ◯ ◯ ✔ ◯ ◯ lebhaft

Spielbeschreibung:

Ein Kind spielt den Briefträger. Die anderen Kinder stehen nebeneinander und jedes Kind sucht sich den Namen einer Stadt aus (oder wird ihm zugeordnet, bei älteren Kindern Zettel mit Städtenamen verteilen). Es malt sich einen kleinen Kreis auf den Boden und stellt sich in seine Stadt. In 20 Metern Entfernung steht das „Postamt" (kleiner Kreis). Der Briefträger stellt sich vor die Reihe „Städte" und sagt: „O, nui estilan ena gramma!" „Oh, ein Brief wurde geschickt!" Die Kinder antworten: „Apò pù ine?" „Woher ist er denn?" Der Briefträger sucht sich nun eine Stadt aus und nennt diese laut. Daraufhin muss das Kind dieser Stadt zum Postamt rennen, der Briefträger ist auch schon unterwegs zum Postamt. Wer zuerst am Postamt angekommen ist, darf nun den Briefträger spielen und das andere Kind nimmt den Platz der Stadt ein.

Großbritannien
„MUSICAL BUMPS"

Alter: ab 4 Jahren
Spieler: beliebig
Material: 1 Instrument oder Kassettenrekorder
Spieltempo: ruhig ◯ ◯ ✔ ◯ ◯ lebhaft

Spielbeschreibung:

Ein einfaches Spiel, allerdings braucht man jemanden, der Klavier spielt oder die Musikanlage regelt, ohne dass man seine Hände sieht. Die Kinder springen hin und her und wenn die Musik aufhört, legen sie sich flach auf den Boden. Der Letzte muss jeweils ausscheiden, bis nur noch einer übrig ist, der gewonnen hat.

Variante:

Der Spieler, der als Letzter auf dem Boden liegt, scheidet nicht aus, sondern darf die Musik bedienen. Er spielt in der nächsten Runde wieder mit.

Großbritannien
„POTATO RACE"
(Kartoffelrennen)

Alter: ab 4 Jahre
Spieler: 4 bis 10
Material: viele Kartoffeln, pro Spieler oder Gruppe 1 Korb/Eimer
Spieltempo: ruhig ◯ ◯ ◯ ◯ ✔ lebhaft

Spielbeschreibung:

Große Kartoffeln werden einige Meter vom Start entfernt ausgelegt. Jedem Spieler werden ca. fünf Kartoffeln zu einem Häufchen hingelegt. Am Ziel wird ein Behälter für die Kartoffeln aufgestellt. Wenn genug Platz vorhanden ist, können alle Mitspieler gleichzeitig starten, wenn nicht, können Gruppen (Staffeln oder K.-o.-System) gebildet werden. Die Kinder rennen zur ersten Kartoffel, nehmen die Kartoffel, rennen zum Ziel und legen sie in den Behälter. Dann rennen die Spieler schnell zurück, nehmen die zweite Kartoffel usw., bis alle Kartoffeln im Behälter sind.

Variante:

Die Kartoffeln müssen auf einem Kochlöffel transportiert werden ohne herunterzufallen. Der Kochlöffel darf nur mit einer Hand festgehalten werden, die darauf liegende Kartoffel jedoch nicht.

Italien
„DRACHENSCHWANZ JAGEN"

Alter: ab 6 Jahren
Spieler: ab 6
Material: 1 Tuch
Spieltempo: ruhig ◯ ◯ ◯ ◯ ✔ lebhaft

Spielbeschreibung:

Alle Spieler stellen sich in einer Reihe hintereinander auf, dabei umfassen sie die Hüfte des vorderen Spielers. In die Hose des letzten Drachenspielers wird ein Tuch gesteckt, das ist der „Drachenschwanz". Der Kopf des Drachens (1. Spieler in der Reihe) muss nun versuchen den Schwanz zu erwischen. Die Spieler passen auf, dass der Drache nicht auseinander fällt.

ehem. Jugoslawien
CARE, CARE, GOSPODARE KOLIKO JE SATI
(Kaiser, Kaiser, Herrscher wie spät ist es?)

Alter: ab 4 Jahren
Spieler: beliebig
Material: –
Spieltempo: ruhig ◯ ◯ ◯ ✔ ◯ lebhaft

Spielbeschreibung:

Ein Kind spielt den Kaiser und steht mit dem Rücken zu den anderen Kindern in ca. 15 Metern Entfernung. Die Kinder stellen ihm nun die Frage: „Care, care, gospodare koliko je sati? = Kaiser, Kaiser, Herrscher wie spät ist es? Nun muss der Kaiser antworten und eine Zahl nennen, z. B. drei Uhr. Die Kinder gehen nun vorsichtig drei Schritte in seine Richtung, ohne dass er (Kaiser) sie dabei sieht. Das Kind, das zuerst beim Kaiser ankommt, wird in der nächsten Runde zum Kaiser. Die anderen gehen zum Ausgangspunkt zurück. Pro Stunde darf ein Schritt vorgegangen werden, bei fünf Uhr fünf Schritte, bei acht Uhr acht Schritte usw.

ehem. Jugoslawien
VUK I LISICA
(Wolf und Fuchs)

Alter: ab 3 Jahren
Spieler: beliebig
Material: –
Spieltempo: ruhig ◯ ◯ ◯ ◯ ✔ lebhaft

Spielbeschreibung:

Ein Spielfeld wird markiert. Ein Kind wird als Wolf ausgewählt. Dieser muss die Füchse fangen. Der Wolf versucht einen der Füchse „abzuschlagen", der dann die Rolle des Wolfes übernimmt. Der vorherige Wolf wird jeweils zum Fuchs.

Norwegen
„SISTEN" (Har'n)
(Fangspiel)

Alter: ab 4 Jahren
Spieler: beliebig
Material: –
Spieltempo: ruhig ○ ○ ○ ✓ ○ lebhaft

Spielbeschreibung:

Alle Spieler stehen auf einem Spielfeld, das nicht größer als 5 x 5 Meter ist. Die Linien des Spielfeldes können mit Kreide auf den Boden gemalt oder durch andere Gegenstände wie Jacken, Stöckchen markiert werden. Ein Kind wird ausgezählt und darf als Erstes die anderen Spieler fangen. Wer gefangen wird, wird automatisch zum neuen Fänger.

Variante:

In der *Türkei* heißt das Fangspiel *„KOVALA-MAC"*.

Österreich
„GLUCKE UND GEIER"

Alter: ab 5 Jahren
Spieler: ab 10
Material: –
Spieltempo: ruhig ○ ○ ○ ✓ ○ lebhaft

Spielbeschreibung:

Die Kindergruppe sucht sich einen „Geier" und eine „Glucke" (Henne) aus, alle anderen Kinder sind die Küken. Alle Küken halten sich an den Händen fest und bilden hinter der Henne eine Schlange. Die Henne muss nun gut auf ihre Küken aufpassen, da der Geier versucht das letzte Küken zu erhaschen. Die Henne lässt den Geier nicht an sich vorbei, sie darf auch ihre Hände zur Abwehr einsetzen, aber nur indem sie die Arme ausbreitet. Festhalten darf sie ihn nicht. Das Spiel ist aus, wenn die Schlange auseinander reißt oder wenn der Geier das letzte Küken erhascht hat. Tritt eines von beidem ein, so wird der Geier zum letzten Küken, die Henne zum Geier und das erste Küken zur Glucke. So werden alle Spieler alle Rollen einmal durchlaufen. Gegenseitige Rücksichtnahme ist wichtig, da sonst die Küken umfallen und sich verletzen können. Es dürfen nicht weniger als acht Küken sein, da sonst der Geier keine Chance hat.

Variante:

Das letzte Küken könnte blind (Augenbinde) sein, dann müssen die Henne und alle anderen Küken noch besser aufpassen.

Variante:

Das *„DRACHENSPIEL"* kommt aus *Vietnam* und ist dem Spiel aus Österreich sehr ähnlich. Ein Kind wird ausgewählt und hat die schwierige Aufgabe als Drachenfänger den Drachen zu bezwingen. Die anderen Kinder stehen in einer Reihe hintereinander und halten ihren Vordermann mit den Armen am Bauch fest umschlungen. Der Drachenkopf befindet sich am Anfang des Drachens und ist unverwundbar, das bedeutet, dass der Drachenfänger geschickterweise von hinten angreifen sollte. Er muss einen Teil (Spieler) berühren, dann hat er den Drachen schon bezwungen. Doch der Drachenkopf versucht immer wieder dem Fänger geschickt auszuweichen. Der Drache darf nicht auseinander fallen. Hat der Drachenfänger den Drachen bezwungen, so wird er nun selber zum Drachenkopf und der Drachenschwanz zum Drachenfänger.

Österreich
„NACHTTAPPERL"
(Nächtliches Fangen)

Alter: ab 5 Jahren
Spieler: beliebig
Material: –
Spielform: ruhig ○ ○ ○ ○ ✔ lebhaft

Spielbeschreibung:

Die Kinder laufen (tappen) sich gegenseitig hinterher. Das erste Kind klopft einem anderen Kind auf die Schulter und rennt weg. Das Kind, dem auf die Schulter geklopft wurde, nimmt sofort die Verfolgung auf und versucht einem beliebigen Kind ebenfalls auf die Schulter zu klopfen. Dies wird so lange gespielt, bis die Kinder z. B. vom Spielplatz bis nach Hause gelaufen sind. Es kann ebenso gut als Aufwärmspiel genommen werden.

Variante:

Die Kinder laufen sich gegenseitig hinterher, ein Kind versucht ein anderes zu fangen. Klopft es einem Kind auf die Schulter, ruft es laut dessen Namen, so wissen alle, wer nun mit Fangen an der Reihe ist und lernen die Namen.

Peru
„HILFE"

Alter: ab 4 Jahren
Spieler: beliebig
Material: –
Spieltempo: ruhig ○ ○ ✔ ○ ○ lebhaft

Spielbeschreibung:

Ein Kind meldet sich freiwillig oder wird ausgelost, die anderen zu fangen, wird also zum Jäger. Alle anderen Kinder rennen weg. Kommt der Jäger in die Nähe eines Kindes, so dass dieses nicht mehr ausweichen kann, dann ruft es schnell „Hilfe" und darf sich nicht mehr bewegen. Der Jäger kann es, solange es unbeweglich ist, nicht fangen. Ein anderes Kind kann den „Hilferufer" nur befreien, indem es ihn mit seiner Hand berührt. Dies muss geschehen, bevor der Jäger ihn selber gefangen hat. Wird ein Kind gefangen, so ist es nun der Jäger.

Philippinen
„DAKPANAY"

Alter: ab 6 Jahren
Spieler: bis zu 20
Material: etwas Kreide
Spieltempo: ruhig ○ ○ ○ ✔ ○ lebhaft

Spielbeschreibung:

Auf einem großen Platz oder der Straße werden fünf Kreise mit einem Durchmesser von ca. drei Metern oder vier Schritten aufgezeichnet. Ein Fänger wird bestimmt und versucht die anderen Mitspieler zu fangen. Diese rennen nun von Kreis zu Kreis. Der Jäger darf in keinen Kreis hineinlaufen, sondern nur hineingreifen. In einem Kreis, der vorher bestimmt wird, darf er weder reingehen noch hineingreifen, da sind die Mitspieler in Sicherheit. Ist ein Kind gefangen, wird es selbst zum Jäger und versucht nun sein Glück.

Russland
„BELYE MEDVEDI"
(EISBÄREN)

Alter: ab 4 Jahren
Spieler: beliebig
Material: etwas Kreide
Spieltempo: ruhig ◯ ◯ ◯ ✔ ◯ lebhaft

Spielbeschreibung:

Ein gemalter Kreis stellt eine Eisscholle dar, auf der zwei Spielleiter, die Eisbären, stehen. Die übrigen Spieler laufen darum herum. Die Eisbären gehen auf die Jagd und halten sich dabei an den Händen. Wenn sie jemanden eingeholt haben, umfassen sie ihn mit den freien Händen. Der Gefangene wird so zur Eisscholle gebracht und es wird ein zweiter Spieler eingefangen. Danach werden die beiden Gefangenen auch Eisbären und gehen zusammen Hand in Hand auf Jagd. Das heißt, jedes neue Paar von Gefangenen geht zusammen mit den anderen auf die Jagd. Das Spiel endet, wenn alle gefangen wurden.

Russland
„SOVUSCHKA"
(NACHTEULE)

Alter: ab 4 Jahren
Spieler: 8 bis 10 oder auch mehr
Material: etwas Kreide
Spieltempo: ruhig ◯ ◯ ✔ ◯ ◯ lebhaft

Spielbeschreibung:

Auf dem Spielfeld wird ein Kreis mit ca. zwei Metern Durchmesser als Nest der Eule bestimmt. Die Eule geht ins Nest und tut so, als schliefe sie. Die anderen Spieler (die Mäuse) befinden sich außerhalb des Spielfeldes, laufen aber auf das Zeichen des Spielleiters, der „Tag" ruft, auf das Spielfeld und bewegen sich darauf beliebig hin und her. Nach einer Weile ruft der Spielleiter „Nacht", alle Mäuse bleiben stehen, bewegen sich nicht mehr, denn sie schlafen nun und die Eule erwacht. Sie kommt aus dem Nest und beginnt mit der Jagd. Sobald sie eine Maus erwischt, die sich bewegt hat, darf sie diese in ihr Nest bringen und „gefangen" nehmen. Danach geht die Jagd weiter. Auf das Stichwort „Tag" fliegt die Eule weg und die Mäuse dürfen sich wieder hin und her bewegen. Das Spiel dauert so lange, bis die Eule vier bis fünf Mäuse gefangen hat. Dann wird aus den nicht gefangenen Spielern eine neue Eule ausgewählt. So wird das Spiel ein paarmal wiederholt.

Schweden
„UNDER HÖKENS VINGAR KOM"
(Kommt unter die Flügel des Habichts)

Alter: ab 4 Jahren
Spieler: viele
Material: –
Spieltempo: ruhig ◯ ◯ ✔ ◯ ◯ lebhaft

Spielbeschreibung:

Das Kind, das den Habicht spielt, streckt seine Arme in beide Richtungen aus und sagt: „Kommt unter die Flügel des Habichts." Darauf fragen die anderen Kinder, die in einigen Metern Entfernung nebeneinander stehen: „Was für eine Farbe?" Der Habicht nennt eine Farbe, z. B. Blau. Alle Kinder, die etwas Blaues an ihrer Kleidung haben, dürfen zur anderen Seite gehen. Die, die nichts Blaues anhaben, müssen versuchen auf die andere Seite zu gelangen. Der Habicht aber versucht dann so viele Kinder wie möglich zu fangen. Alle Kinder die gefangen werden, müssen in der Mitte stehen und Habichte (die Arme ausbreiten) sein. Das letzte Kind wird beim nächsten Spiel zum Habicht.

Eine Spielvariante ist unter dem Namen *„FISCHER, FISCHER WELCHE FAHNE WEHT HEUTE?"* in **Deutschland** bekannt. Die Spieler fragen den gegenüberliegenden Fischer den oben genannten Satz. Dieser erwidert: „Die blaue Fahne weht heute." Daraufhin können alle Spieler mit blauen Kleidungsstücken in Ruhe zum Fischer laufen, die anderen versucht der Fischer zu fangen.

Spanien
„LA LUNA Y LOS LUCEROS"
(Der Mond und die Sterne)

Alter: ab 4 Jahren
Spieler: beliebig
Material: –
Spieltempo: ruhig ○ ○ ○ ✓ ○ lebhaft

Spielbeschreibung:

Ein Kind wird ausgewählt und ist der Mond, alle andern Kinder sind die Sterne. Der Mond sucht sich ein kleines Versteck. Die Sterne versuchen ihn aus dem Versteck zu locken, indem sie folgenden Spruch sagen:

„A la luna y al lucero; si me pillas, yo me quedo!" Oder: Mond und Sterne; fang mich, bleib ich!

Der Mond flitzt aus seinem Versteck und versucht die Sterne zu fangen. Der erste gefangene Stern ist als nächstes der Mond. Das Spiel wird vorzugsweise in der Dämmerung oder bei Mondlicht gespielt. Ist es einmal ganz finster, können die Sterne mit kleinen Taschenlampen, der Mond mit einer größeren oder andersfarbigen Lampe ausgestattet werden.

Spanien
„JUGAR AL PAÑUELO"
(Tuch binden)

Alter: ab 6 Jahre
Spieler: ab 5
Material: 2 Tücher
Spieltempo: ruhig ○ ○ ○ ✓ ○ lebhaft

Spielbeschreibung:

Zuerst wird ein Spielfeld markiert. Es geht um drei Markierungen: eine fürs Mittelfeld und zwei Markierungen für die Teams. Die Entfernung vom Mittelfeld nach links und rechts für den Start jeder Mannschaft muss gleich sein (z. B. zehn Schritte). Man bildet zwei Mannschaften mit gleicher Anzahl von Spielern. Die Teams gehen an die zugeteilte Startposition (rechts oder links vom Mittelfeld). Innerhalb der Mannschaft werden Startnummern vergeben; bei fünf Spielern pro Mannschaft entsprechend die Zahlen von 1 bis 5. Ein zusätzlicher Spieler stellt sich auf die Markierung des Mittelfeldes und lässt an gestreckten Armen die Tücher hängen.

Der Mittelfeldspieler ruft eine Zahl auf. Die entsprechenden zwei Spieler mit dieser Nummer rennen los zum Mittelfeld, holen sich das von ihnen rechts hängende Tuch und rennen geradeaus weiter zum anderen Team. Ein Spieler vom anderen Team hält den Arm nach vorne gestreckt. Dort soll der laufende Spieler einen einfachen Knoten mit dem Tuch binden. Wenn er damit fertig ist, rennt er zu seinem Team zurück, holt sich das Tuch, das der Gegner bei seiner Mannschaft verknotet hat, bindet es alleine und ohne Hilfe los und rennt zum Mittelfeld zurück. Dort findet er den Mittelfeldspieler mit gestreckten Armen. Jetzt heißt es schnell einen einfachen Knoten binden und schnellstens zu der eigenen Mannschaft zurückzulaufen. Der Erste, der bei der

Markierung von der eigenen Mannschaft antrifft, hat die Runde gewonnen.

Variante:

Der Spieler, der die Runde verloren hat, tauscht die Plätze mit dem Spieler auf dem Mittelfeld. Für die neue Spielrunde werden neue Startnummern vergeben.

Variante:

Der Spieler, der die Runde verloren hat, scheidet aus. Dann übernimmt ein anderer Spieler von seinem Team zusätzlich seine Startnummer und es wird so weiter gespielt, bis alle Spieler einer Mannschaft ausgeschieden sind.

Tansania
„FEUER AUF DEM BERG"

Alter: ab 4 Jahren
Spieler: beliebig
Material: –
Spieltempo: ruhig ○ ○ ○ ✓ ○ lebhaft

Spielbeschreibung:

Alle Kinder liegen auf dem Boden und schauen in den Himmel. Sie suchen sich ein Wort als Losungswort aus z. B. Schule. Ein Kind wird zum Spielleiter. Ruft dieser das Losungswort, dann müssen alle Spieler so schnell wie möglich aufstehen. Der Spielleiter beginnt zu rufen: „Feuer auf dem Berg!" Die Spieler rufen zurück „Feuer!" und bleiben liegen. Der Spielleiter ruft: „Feuer auf dem Mond!" Wieder wird geantwortet: „Feuer!", aber keiner steht auf. Dies geht solange hin und her, bis der Spielleiter das Losungswort sagt. Er kann das Losungswort rufen, wann er will, ob mitten im Satz oder ganz am Anfang ist egal. Der Spieler, der am längsten zum Aufstehen braucht, scheidet aus oder wird nun Spielleiter. Dann

hat der Spieler, der am schnellsten reagiert, gewonnen.

Türkei
„MENDIL KAPMACA"
(Taschentuch fangen)

Alter: ab 5 Jahren
Spieler: 20 bis 30
Material: 10 oder 15 Taschentücher
Spieltempo: ruhig ○ ○ ○ ✓ ○ lebhaft

Spielbeschreibung:

Die Spieler teilen sich in zwei gleich große Gruppen auf. Die Spieler einer Gruppe stehen nebeneinander und werden durchnummeriert. Der Spielleiter steht in der Mitte und hält ein Taschentuch hoch in die Luft. Die beiden Gruppen stehen sich in einer Entfernung von ca. 10 Metern gegenüber. Jetzt nennt der Spielleiter eine Nummer, daraufhin sausen die zwei Spieler mit der Nummer los. Die Spieler müssen versuchen als Erster das Taschentuch zu schnappen und sofort zur eigenen Mannschaft zu bringen. Wer sich das Tuch geschnappt hat, kann noch vom Gegenspieler gefangen werden und muss als „Gefangener" zur gegnerischen Mannschaft gehen. Gelingt es dem Gegenspieler nicht seinen Rivalen zu fangen, muss er selber als „Gefangener" zur Gegenpartei. Sind alle Nummern aufgerufen, ist das Spiel zu Ende. Die Mannschaften können nun Gefangene gegen Taschentücher tauschen. Die Mannschaft mit den meisten Taschentüchern hat gewonnen.

Variante:

In **Deutschland** gibt es ein ähnliches Spiel, das ***„SCHRUBBERFUSSBALL"*** genannt wird. Je zehn Kinder einer Gruppe sitzen nebeneinander, die Gruppen einige Meter entfernt gegenüber. An den zwei schmalen Seiten stehen die

Tore (je ein Stuhl) und darauf sitzen die Schiedsrichter. Je ein Tor wird einer Gruppe zugeteilt. Im freien Feld liegen zwei Schrubber und ein Putzlappen (Feudel). Jetzt nennt ein Schiedsrichter eine Nummer, daraufhin springen beide Spieler mit der genannten Zahl auf, schnappen sich einen Schrubber und versuchen den Lappen in „ihr" Tor zu bringen. Jedes Tor zählt einen Punkt. Sind alle Spieler mindestens einmal an der Reihe gewesen, endet das Spiel. Es ist evtl. sinnvoll vor Beginn des Spieles die Runden festzulegen, dann ist für alle Spieler klar, wann Schluss ist. Die Mannschaft mit den meisten Toren gewinnt.

Türkei
„TILKI, TILKI SAATIN KAÇ"
(Fuchs, Fuchs, wie spät?)

Alter: ab 4 Jahren
Spieler: beliebig
Material: –
Spieltempo: ruhig ○ ○ ○ ✓ ○ lebhaft

Spielbeschreibung:

Die Spieler stehen in einer Reihe nebeneinander. Auf der gegenüberliegenden Seite steht der Fuchs ca. 15 Meter entfernt, er dreht sich so um, dass er die anderen Spieler nicht sieht. Nun fragen die Spieler:

„Tilki, tilki saatin kaç?" (Fuchs, Fuchs, wie spät?)

Der Fuchs denkt sich eine Zahl zwischen eins und zehn aus und nennt diese laut. Die Spieler machen dementsprechend viele Schritte. Sind die Spieler in Reichweite des Fuchses angelangt, so tippt ein Spieler diesem auf den Rücken und alle Spieler rennen schnell davon. Der Fuchs versucht jetzt so viele Spieler wie möglich zu fangen. Wer gefangen wurde, ist ebenfalls jetzt ein Fuchs und darf bei den nächsten Runden die Spieler fangen helfen.

Variante:

Ist ein Spieler vom Fuchs gefangen worden, bleibt er im Bau des Fuchses. Ein Mitspieler kann nun in den nächsten Runden versuchen diesen durch Abschlagen zu befreien.
Zahlen in Türkisch: 1 = bir, 2 = iki, 3 = üç, 4 = dört, 5 = bes, 6 = altı, 7 = yedi, 8 = sekiz, 9 = dokuz, 10 = on

Hier die Zahlen in einigen anderen Sprachen:

	Türk.	Ital.	Span.	Franz.	Dänisch	Engl.	Serbo-kroatisch	Polnisch
1 =	bir	uno	uno	un, une	en	one	jedan	jeden
2 =	iki	due	dos	deux	to	two	dva	dwa
3 =	üç	tre	tres	trois	tre	three	tri	tsze
4 =	dört	quattro	cuatro	quatre	fire	four	četiri	cztere
5 =	beş	cinque	cinco	cinq	fem	five	pet	pięć
6 =	altı	sei	seis	six	seks	six	šest	sześć
7 =	yedi	sette	siete	sept	syv	seven	sedam	śedem
8 =	sekiz	otto	ocho	huit	otte	eight	osam	ośem
9 =	dokuz	nove	nueve	neuf	ni	nine	devet	dźewieńć
10 =	on	dieci	diez	dix	ti	ten	deset	dźeśeńć

Geschicklichkeitsspiele

Geschicklichkeitsspiele finden sich in allen Kulturen dieser Welt wieder. Sie sind eine gute Ergänzung zu den Bewegungsspielen. Bei allen genannten Spielen wird versucht, ein Höchstmaß an Spaß und Ausdauer zu vermitteln, was mit wenigen und meist überall vorhandenen Materialien möglich ist. Die Idee sich im Wettkampf mit anderen zu messen, ist wahrscheinlich schon so alt, wie es Menschen gibt. Die eigenen sportlichen Leistungen werden mit denen der anderen gemessen. Die Spieler lernen Grenzen kennen, müssen Enttäuschungen ertragen und lernen gute Verlierer und rücksichtsvolle Gewinner zu sein.

In dieser Kategorie ist vor allem das motorische Geschick gefragt. Diese Fähigkeit wird durch Spiele gut geschult. Kinder, die gelernt haben, ihre Bewegungsabläufe gut aufeinander abzustimmen, bewegen sich sicherer. In Verbindung mit der Motorik werden die Reaktions-, Koordinations- und Wahrnehmungsfähigkeiten weiter ausgebildet. Eine gute Hand-Augen-Koordination, Abschätzen der Entfernungen, sich selber einschätzen lernen und gutes Zielen ist bei einigen Spielen wichtig. Häufig „spielen" Kinder in anderen Ländern (z. B. in Teilen Papua-Neuguineas) diese Spiele, um später einmal gute Jäger zu werden.

Ägypten
„DIE STOCKKARAWANE"

Alter: ab 5 Jahren
Spieler: beliebig
Material: pro Mitspieler 1 ca. 1 1/2 m langer Stock
Spieltempo: ruhig ⭕ ⭕ ✔ ⭕ ⭕ lebhaft

Spielbeschreibung:

Jedes Kind hält einen Stock senkrecht in der Hand. Alle stehen im Kreis und haben zum Nebenspieler ca. 2–2 1/2 m Abstand. Ein Spieler ist der Spielleiter und ruft „Wechsel". Daraufhin lassen alle Spieler ihren Stock los und rennen zu ihrem jeweils rechten Nachbarn. Sie versuchen den Stock zu fassen, bevor er auf den Boden fällt. Wer zu spät kommt und den Stock nicht fangen kann, scheidet aus. Der Kreis wird daraufhin immer kleiner bis nur noch ein Spieler übrig bleibt, dieser hat gewonnen.

Variante:

Die Spieler stehen wie oben beschrieben im Kreis. Ein Spieler ohne Stock steht in der Mitte und versucht, wenn er „Wechsel" ruft, ebenfalls einen Stock zu fangen. Das Kind, das nun übrig bleibt, wird Spielleiter und geht in die Mitte.

Ägypten
„FLIEGENDES SONNENRAD"

Alter: ab 5 Jahren
Spieler: 1, 2 oder mehrere
Material: 1 Ring (Plastik oder aus Ästchen gebunden), pro Spieler 1 Stock
Spieltempo: ruhig ⭕ ⭕ ✔ ⭕ ⭕ lebhaft

Spielbeschreibung:

Die Kinder markieren sich zwei gegenüberliegende Tore oder Zielgeraden. Sie versuchen nun den Ring mithilfe des Stocks in die Tore zu schleudern. Hat ein Spieler seinen Stock im Ring, versucht er nun von diesem Platz aus den Ring in sein Tor zu bekommen. Der andere Spieler darf sich derweil nicht bewegen oder angreifen. Der Ring wird mit dem Stock nur weg geschleudert, er darf nicht geschoben werden.

Ägypten
„PHARAONEN TRAGEN"

Alter: ab 8 Jahren
Spieler: mind. 3
Material: –
Spieltempo: ruhig ✔ ⭕ ⭕ ⭕ ⭕ lebhaft

Spielbeschreibung:

Zwei Kinder stellen sich ganz dicht Schulter an Schulter und fassen sich gegenseitig an die Hüfte oder Schulter. Diese beiden Kinder sollten möglichst gleich groß sein. Das dritte Kind setzt sich nun zwischen die beiden Kinder auf deren Schulter und versucht sich gut festzuhalten, ohne runter zu fallen. Die beiden Träger laufen eine beliebige, vorher vereinbarte Strecke. Danach wird reihum getauscht, bis alle mal „Pharao" sein durften.

Variante:

Dies ist auch mit mehreren Kindern als Wettkampfspiel, z. B. beim Kindergeburtstag oder Sportunterricht möglich. (Es können auch mehrere Kinder versuchen ein Kind zu tragen, was gar nicht so leicht ist.)

Variante:

In **Dänemark** werden vor allem die Geburtstagskinder auf dem *„GULDSTOL"* (goldener Stuhl) getragen (die Hände wie einen Karton zumachen und übereinander legen).

Zwei Kinder überkreuzen die Hände und fassen dabei die Handgelenke des anderen Spielers an. Ein weiteres Kind darf sich nun auf die Hände, den Goldstuhl setzen und wird spazieren getragen. Dieser goldene Stuhl ist gut geeignet, um Geburtstagskinder oder andere Personen, die etwas Besonderes geschafft haben, hochleben zu lassen oder spazieren zu tragen.

Variante:

Auch als Wettkampfspiel für ältere Kinder bzw. Gruppen geeignet. Diese müssen eine vorher abgesteckte Strecke überwinden, ohne dabei ihren Passagier zu verlieren.

Afrika
„BALANCE"

Alter: ab 4 Jahren
Spieler: beliebig
Material: 1 oder mehrere kleine Eimer, Körbchen oder Kissen, evtl. gefüllt mit Nüssen oder Getreide
Spieltempo: ruhig ✔ ⭘ ⭘ ⭘ ⭘ lebhaft

Spielbeschreibung:

Die Kinder versuchen auf dem Kopf verschiedene „Lasten" (Eimer, Körbchen, Kissen) zu tragen. Man kann auf dem Spielgelände oder der Straße eine beliebige Strecke abstecken, die die Kinder überwinden sollen, ohne dabei ihre Dinge zu verlieren. Die Hände dürfen anfangs unterstützend eingesetzt werden. Nach einigen Versuchsrunden geht es dann vielleicht auch schon ohne Hände. Im Sommer können die Eimer schon mal mit Wasser gefüllt werden.

Das Spiel bleibt auch nach mehreren Spielaktionen spannend und interessant, wenn die zu tragenden Gegenständen öfter ausgetauscht werden. Statt Eimer sind auch Bücher, Plastikteller und viele andere Gegenstände verwendbar.

Variante:

Je zwei Kinder bilden ein Paar. Jedes Paar erhält zwei Besenstiele, die an den Enden festgehalten werden. Auf die Besenstiele wird nun ein Ball (Luftballon, Eimer, ...) gelegt. Das Paar hebt die Besenstiele hoch, über den Kopf und trägt so den Ball eine (kurze) vorher bestimmte Strecke. Wer den Ball verliert, hebt ihn auf und beginnt von vorne wieder. Wer schafft es, die Strecke am schnellsten zu durchlaufen?

Afrika
„WURFSTEIN"

Alter: ab 6 Jahren
Spieler: ca. 1–4
Material: 10 Steinchen (nicht zu groß und nicht zu klein – muss ausprobiert werden)
Spieltempo: ruhig ⭘ ✔ ⭘ ⭘ ⭘ lebhaft

Spielbeschreibung:

Alle Spieler sitzen auf den Boden. Das erste Kind beginnt und wirft alle zehn Steine mit einer Hand in die Luft. Es versucht nun mit dem Handrücken alle Steine wieder aufzufangen. Nun werden die gefangenen Steine wieder in eine Hand genommen und erneut in die Luft geworfen. Während die Steine sich in der

Luft befinden, muss der Spieler die auf dem Boden liegenden Steine mit derselben Hand aufsammeln. Alle aufgefangenen und aufgehobenen Steine zählen je einen Punkt. Hat ein Spieler keinen Stein mehr auffangen können, ist der nächste Spieler an der Reihe. Die Spieler beginnen in jeder Runde wieder mit zehn Steinen. Wer zuerst 50 Punkte hat, ist Sieger.

Variante:

Dieses Spiel heißt „*NYAKUA*" und kommt aus *Afrika*, aus *Kenia*. Es werden nur fünf Steinchen benötigt (oder Muscheln, Kerne von Früchten). Der Spieler nimmt alle in die Hand und wirft sie gleichzeitig in die Luft. Jetzt sollen die Steine mit dem Handrücken aufgefangen werden, am besten alle auf einmal. Natürlich klappt das nicht so leicht. Die aufgefangenen Steine werden wieder in die Luft geworfen und es wird versucht sie mit der offenen Hand aufzufangen. Es wird bei jedem Durchgang gewechselt: mal werden mit dem Handrücken, mal mit offener Hand die Steine gefangen. Ist kein Stein gefangen worden, so kommt der nächste Spieler an die Reihe. Es ist sinnvoll, das Spiel ein paarmal alleine zu üben.

Variante:

In *Argentinien* heißt ein ähnliches Spiel „*DINENTI*", was auf Deutsch soviel wie Steinchenspiel heißt.
Material: 5 kleine runde Kieselsteine (keine Würfel), sie müssen alle in die teilnehmende Spielerhand passen.

Alle fünf Steinchen werden relativ nahe zueinander hingeworfen. Nun einen von den fünf Steinen in die Hand nehmen, die anderen bleiben liegen. Der Stein in der Hand wird hochgeworfen und in der Zeit bis dieser wieder runterfällt, muss man ein liegendes Steinchen aufnehmen und mit dem aufgenommenen nun den fallenden Stein wieder auffangen. Gelingt dies, darf man den erfolgreich aufgenomme-

nen Stein auf die Seite legen. Bei jedem weiteren Versuch wird jeweils ein Stein aufgenommen, solange bis keiner mehr am Boden liegt. Die liegenden Steine dürfen sich während der Aktion nicht bewegen! Gelingt einem Spieler ein Aufnehmen oder Fangen nicht, ist der nächste Spieler an der Reihe. Kommt man wieder an die Reihe, darf man da anfangen, wo aufgehört wurde. Sieger ist derjenige, der zuerst alle Probedurchgänge geschafft hat: Das Aufnehmen der Steine heißt hier „putzen".

- erst 1 Stein aufnehmen
- dann 2 Steine aufnehmen
- danach 3 Steine aufnehmen
- anschließend 4 Steine aufnehmen

In der letzten Runde sind vier Steine in der Hand. Einer davon wird hochgeworfen, die anderen verbleiben in der Hand. Diese Hand muss mit dem Handrücken auf den Boden klatschen und das fallende Steinchen wieder auffangen.

Variante:

In *Costa Rica* wird eine Form des Steinchenspieles „*JACKSES*" genannt. Hier werden 13 Steine benötigt.

Es werden zwölf Steine auf den Boden gelegt. Ein weiterer Stein wird in die Luft geworfen und dabei gleichzeitig ein Stein aufgehoben. Der einzelne Stein wird erneut in die Luft geworfen und nun sollen zwei Steine aufgehoben werden. Jeder Spieler kann solange weitermachen, bis ihm ein Fehler unterläuft. Jetzt ist der nächste Spieler an der Reihe, bis er ebenfalls einen Fehler macht oder alle zwölf Steine auf einmal aufheben kann.

Variante:

Dieses Geschicklichkeitsspiel für einen Spieler kommt aus *Palästina/Israel*.
Material: 5 Pfirsichkerne (Walnüsse, Mandeln oder andere kleine Gegenstände)

Ein Spieler hat fünf Pfirsichkerne. Mit der rechten Hand bildet er ein Tor auf dem Boden und legt vier Kerne davor. Mit der linken Hand wirft er den fünften Kern in die Luft und versucht dann, solange der Kern in der Luft ist, die anderen Kerne einzeln mit der linken Hand durch das Tor zu schieben. Schafft er es nicht in der Zeit, in der der fünfte Kern in der Luft ist, muss er neu beginnen.

Alaska
„BILBOQUET"
(Becher und Ball oder Ring und Stift)

Alter: ab 4 Jahren
Spieler: ab 1
Material: einfache Version: 1 Joghurtbecher, 1 Holzkugel, Schnur; oder ein größeres Holzstück mit verschieden großen Löchern, Lederschnur, 1 fester Holzstab
Spieltempo: ruhig ○ ✔ ○ ○ ○ lebhaft

Spielbeschreibung:

In den Joghurtbecher wird am unteren Ende ein Loch gebohrt, dadurch wird die Schnur gesteckt und ein dicker Knoten gemacht. Am anderen Ende der Schnur wird die Kugel gut verknotet. Der Joghurtbecher wird nun in eine Hand genommen, die Kugel zum Schwingen gebracht. Steht die Kugel am höchsten Punkt, versucht man sie mit dem Joghurtbecher aufzufangen.

Variante:

Bei den Inuits wurden durch ein Holzstück verschiedene Löcher gebohrt. Eine Lederschnur wurde sowohl an dem Holzstück als auch an einem Holzstab befestigt. Nun wurde der Holzstab in eine Hand genommen, das Holzstück zum Schwingen gebracht. Hatte das Holzstück den höchsten Punkt erreicht, versuchte der Spieler mit dem Holzstab eines der Löcher zu treffen.

Die Löcher können noch unterschiedliche Punkte erhalten, so kann nach jeder Runde die Punktzahl aufgeschrieben werden.

Brasilien
„FLUGBOHNEN"

Alter: ab 5 Jahren
Spieler: mind. 2
Material: Bohnenkerne (Steinchen, Nüsse, Eicheln oder Knöpfe)
Spieltempo: ruhig ○ ✔ ○ ○ ○ lebhaft

Spielbeschreibung:

Es wird zu Beginn eine kleine Mulde in den Boden/Sand gebuddelt (ein Gefäß oder ein Reifen hingelegt). Die beiden Kinder gehen zwei Meter zurück und versuchen abwechselnd aus dieser Distanz sieben Bohnen auf einmal in die Mulde zu werfen. Der Werfer darf sich alle Bohnen nehmen, die in die Mulde gefallen sind. Jetzt wirft das zweite Kind auch mit sieben Bohnen in die Mulde und darf sich ebenfalls alle nehmen, die getroffen haben. Dann versucht das Kind, das die meisten Bohnen in die Mulde getroffen hat, die umliegenden Steinchen in die Mulde zu schnippen. Es darf solange schnippen, bis es daneben trifft, es holt sich die Bohnen raus und der andere ist wieder an der Reihe. Es wird solange weiter gespielt, bis alle umliegenden Bohnen in der Mulde landen.

Es wird nun aus drei Metern Entfernung versucht, zehn Bohnen in dieselbe Mulde zu treffen. So wird wieder weiter gespielt, bis auch in dieser Runde alle Bohnen „verbraucht" sind. Das Spiel kann noch eine Weile, je nach Lust und Laune weitergespielt werden. Bei jeder Runde werden drei Bohnen hinzu genommen und ein Schritt oder ein Meter zurückgegangen.

Variante:

Ein ähnliches Spiel ist in *Israel/Palästina* bekannt. Dafür benötigt der Spieler einige Pfirsichkerne.

Zwei Spieler graben ein kleines Loch in den Boden. Jeder Spieler hat eine bestimmte, nicht festgelegte Anzahl von Pfirsichkernen. Davon werfen sie abwechselnd jeder zwei Kerne in die Mulde, wobei ein Kern im Loch liegen bleiben soll, der andere nicht. Gelingt dies nicht, ist der andere Spieler dran. Wer keine Kerne mehr übrig hat, aber mit dem letzten Wurf die Mulde richtig trifft, der bekommt alle Kerne aus dem Loch.

Brasilien
„MÜNZEN KICKEN"

Alter: ab 6 Jahren
Spieler: ab 2 (oder auch allein spielbar)
Material: ein 40 cm langer Stock, Münzen oder Knöpfe
Spieltempo: ruhig ⚪✔⚪⚪⚪ lebhaft

Spielbeschreibung:

Der Stock wird fest in den Boden geklopft. Darauf wird ein Pfennig gelegt. Um den Stock wird auf dem Boden ein Kreis von einen halben Meter Durchmesser gezogen. Die Spieler stehen in einer Reihe hintereinander, ca. zwei Meter oder drei Schritte vom Stock entfernt. Nun versuchen die Spieler mit einer Münze den Pfennig vom Stock herunterzuwerfen. Der Pfennig soll außerhalb des Kreises liegen bleiben. Hat ein Spieler dies geschafft, erhält er einen Punkt und darf weiter werfen, bis er nicht mehr trifft. Fällt der Pfennig innerhalb des Kreises oder trifft ein Spieler nicht, kommt der hinter ihm Stehende an die Reihe. Der Pfennig wird vor jedem Wurf wieder auf den Stock gelegt. Sieger ist der Spieler mit den meisten Punkten.

Chile
„REIN INS HÄUSCHEN"

Alter: ab 4 Jahren
Spieler: 1 bis ca. 5
Material: 1 Schuhkarton und Murmeln
Spieltempo: ruhig ⚪✔⚪⚪⚪ lebhaft

Spielbeschreibung:

In den Schuhkarton werden auf einer Seite vier bis fünf verschieden große Tore eingeschnitten. Das kleinste Tor erhält die höchste Zahl, das größte Tor die kleinste Zahl. Ein Kind ist „Besitzer" dieses Häuschens. Es bekommt einen Beutel mit Murmeln. Die anderen Kinder erhalten je fünf Murmeln und setzen sich zwei Meter vom Ziel entfernt auf den Boden. Nun versuchen sie nacheinander die Murmeln in die Tore zu bekommen. Rollt eine Murmel nebenbei, erhält der Besitzer diese Murmel. Gelingt es dem Spieler eine Murmel z. B. in Tor Nr. 3 zu rollen, erhält er vom Besitzer drei Murmeln, also immer die Anzahl der Murmeln, die auch auf dem Tor geschrieben steht. Hat ein Spieler keine Murmeln mehr, scheidet er aus. Der Spieler mit den meisten Murmeln hat gewonnen.

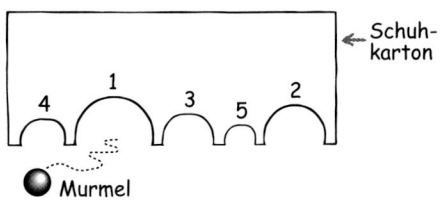

Variante:

Es werden soviel Runden gespielt, wie es Mitspieler sind. In jeder Runde ist ein anderes Kind Besitzer des Häuschens. Nach jeder Runde wird aufgeschrieben, wie viel Murmeln jeder Spieler noch hat. Nach der letzten Runde wird zusammengezählt. Der Spieler mit den meisten Murmeln ist Torschütze.

China
„STOCKSCHLEUDERN"

Alter: ab 6 Jahren
Spieler: ab 3
Material: 2 größere Steine und 2 Äste (möglichst gerade)
Spieltempo: ruhig ◯✔◯◯◯ lebhaft

Spielbeschreibung:

Das erste Kind legt einen Ast über die beiden Steine. Es nimmt den zweiten Ast und hakt ihn unter den ersten. Nun schleudert er den liegenden Ast in die Luft . Die anderen Mitspieler versuchen den fliegenden Ast in der Luft zu fangen. Schafft es keiner, so zählt der Werfer wie viele Astlängen der Ast vom Stein entfernt liegt. Die Anzahl der Astlängen sind seine Punkte. Dann ist der zweite und dritte Spieler an der Reihe. Danach beginnt die zweite Runde. Jetzt legt der erste Spieler einen Ast schräg über einen Stein und haut mit dem anderen Ast auf das sich in der Luft befindliche Ende. Die anderen Kinder versuchen wieder den wegspringenden Ast zu fangen. Ansonsten misst der Spieler die Entfernung zwischen Stock und Stein und zählt diese Punkte = Astlängen zu seinen bisherigen dazu. Die beiden anderen Spieler verfahren ebenso.

   In der dritten Runde wirft der erste Spieler einen Ast in die Luft und schlägt mit dem anderen Ast diesen bereits fallenden Ast weg. Die anderen Spieler versuchen wiederum den fliegenden Ast zu fangen. Wer einen Ast gefangen hat, erhält einen Punkt. Fängt niemand den Ast, zählt der Werfende die Astlängen vom Abschlagspunkt aus und fügt diese seinen Punkten hinzu. Die Mitspieler tun das Gleiche. Gewonnen hat der Spieler mit den meisten Punkten.

Variante:

In **Indien** heißt ein ähnliches Spiel „*GULI DANDA*" (Schleuderstock)
Material: ein 60 cm langer dickerer Stock = Danda, ein ca. 15 cm langer und 3–4 cm starker Stock, der an beiden Enden „gespitzt" ist = Guli

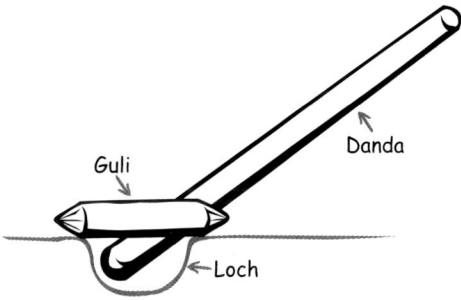

Es wird zu Beginn ein kleines Loch ca. 7 bis 10 cm in die Erde oder den Sand gegraben. Die Spieler teilen sich in zwei Mannschaften auf. Die eine Mannschft schlägt zuerst, die andere fängt. Der erste Spieler legt den Guli (kurzer Stock) über das Loch und fährt mit einem Ende des Danda unter den Guli und versucht diesen hochzuschleudern. Sobald der Guli den Boden berührt hat, haut der Spieler mit dem Danda auf ein angespitztes Ende des Guli, so dass dieser wieder in die Luft fliegt. Der Spieler hat drei Versuche. Gelingt es ihm, den Guli wieder zum Fliegen zu bringen, so kann er ihn mit dem Danda in der Luft schlagen, damit der Guli möglichst weit vom Loch wegfliegt. Nun rennt der Spieler zum Loch und legt den Danda daneben. Schafft ein Spieler es nicht, den Guli nach dem dritten Versuch in die Luft zu bekommen, ist der nächste Spieler der eigenen Mannschaft an der Reihe. Der gegnerische Spieler, der den Guli gefangen hat, versucht ihn auf den Danda zu werfen. Trifft er ihn, so ist sein Team nun mit Schlagen an der Reihe, schafft er es allerdings nicht, erhält die gegnerische Mannschaft einen Punkt. Gewonnen hat die Mannschaft mit den meisten Punkten.

Variante:

In **Deutschland** sind „BAZI" oder „KIPPEL-KAPPEL" bekannt.

Material: 1 ca. 60 cm langer Stock, 1 ca. 10 cm kurzer Stock, der an beiden Enden spitz zuläuft (oder 1 alter Besenstiel, kleine Säge, Schnitzmesser)

Das kurze Stöckchen ist der Bazi, der lange Stock der Schlagstock. Der Schläger versucht nun den Bazi in das Feld hinauszuschleudern.

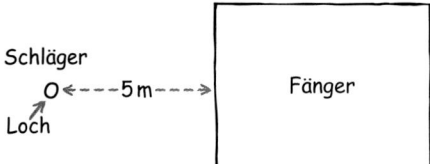

Mögliche Folgen:

a) Ein Fänger erwischt den Bazi in der Luft und erhält 20 Punkte, dann werden die Rollen getauscht.

b) Der Schläger kann den Bazi nicht ins Feld bringen. Der Fänger macht einen Sprung von dem Platz aus, wo der Bazi liegen geblieben ist in Richtung Loch. Er versucht den Bazi ins Loch zu werfen. Gelingt dies, erhält er 15 Punkte und die Rollen werden getauscht.

c) Der Fänger kann den Bazi nicht fangen. Er wirft ihn von der Stelle aus, wo er liegen blieb in Richtung Schlagstock. Der Schlagstock wird vom Schläger quer über das Loch gehalten. Trifft er, so werden die Rollen getauscht, aber er erhält keine Punkte. Trifft er nicht, so versucht der Schläger mit dem Schlagstock auf ein angespitztes Ende vom Bazi zu hauen und diesen somit in die Luft zu schleudern. Mit einem zweiten Schlag kann der noch fliegende Bazi erneut geschlagen werden, so dass er möglichst weit vom Loch wegfliegt. Der Schläger hat drei Versuche. Bei drei Fehlversuchen werden die Rollen getauscht und keine Punkte vergeben.

Ansonsten wird die Entfernung zwischen Bazi und Loch gemessen. Als Messlatte dient der Schlagstock. Passt der Schlagstock viermal zwischen Bazi und Loch, so werden vier Punkte gut geschrieben. Der Spieler, der zuerst 100 Punkte voll hat, gewinnt.

Variante:

In der **Türkei** heißt das fliegende Stöckchen „CELIK CÖMLEK".

Material: 2 Steine, 1 kurzer und 1 langer Stock, viel Platz

Das Spiel besteht aus mehreren Durchgängen. Das kurze Stöckchen wird in jeder Runde aus einer anderen Position heraus geschlagen.

1. Runde: Das kurze Stöckchen wird auf die beiden Steine gelegt. Mit dem langen Stock in die Luft geschleudert.

2. Runde: Das kurze Stöckchen wird unter den Beinen durch geworfen.

3. Runde: Eine Hand hält ein Ohr fest, die andere Hand wirft das Stöckchen hinter dem Rücken hoch.

4. Runde: Der Spieler wirft das Stöckchen im Liegen in die Luft.

Das fliegende Stöckchen kann jeweils noch zweimal mit dem langen Stock weggeschleudert werden. Es darf vorher jedoch noch nicht den Boden berührt haben. Nachdem das kurze Stöckchen wieder auf die Erde gefallen ist, wird die Entfernung mit dem langen Stock gemessen. Sinnvoll ist es, den Stock an drei Stellen (halber und viertel Stock) mit Farbe oder Klebeband zu markieren, damit eine gerechtere Messung vorgenommen werden kann. Jede Stocklänge zählt einen Punkt ($1/2$ Stocklänge = $1/2$ Punkt, $1/4$ Stocklänge = $1/4$ Punkt). Nach vier Runden werden die Punkte zusammengezählt. Die Entfernung wird aufgeschrieben und der nächste Spieler kann beginnen. Damit die Wartezeit nicht zu lange ist, durchlaufen alle Spieler eine Runde, bevor in die nächste gewechselt wird.

Griechenland
„EMBODIO"
(Hindernis)

Alter: ab 4/5 Jahren
Spieler: ab 10
Material: je Spieler 1 Halstuch (zum Augen verbinden)
Spieltempo: ruhig ○✔○○○ lebhaft

Spielbeschreibung:

Auf einem großen Platz oder Zimmer werden verschiedene Gegenstände (Schachteln, Kissen, Eimer, …) auf den Boden gelegt. Im Zimmer können auch einige Sachen (Wolldecke, Tücher, Bänder, …) von der Decke hängen. Die Spieler schauen sich nun alles gut an und versuchen sich zu merken, wo was liegt. Jetzt teilen sich die Spieler in zwei Mannschaften auf und verbinden sich die Augen. In der ersten Runde laufen die Spieler der einen Mannschaft, danach die Spieler der anderen Mannschaft von einer Seite des Platzes auf die andere. Anschließend laufen sie wieder zurück. In der nächsten Runde stellen sich die Mannschaften gegenüber auf und versuchen nun um die Hindernisse und die Spieler der anderen Gruppe herumzulaufen. Zwei Spielleiter passen auf, dass es zu keinen größeren Zwischenfällen kommt. Wird dieses Spiel als Wettkampfspiel durchgeführt, so zählen die Spielleiter die Punkte, pro Berührung einen. Die Gruppe mit den wenigsten Punkten gewinnt.

Variante:

Die Spieler teilen sich ebenfalls in zwei Gruppen auf. Die einen bekommen die Augen verbunden und sind die Roboter, die anderen (Maschinisten) leiten sie durch den Hindernisdschungel. Die Maschinisten geben Befehle wie rechts, stopp!, links, geradeaus, weiter,

stopp! Bis ihre Roboter das andere Ende erreicht haben. Danach wird gewechselt.

Variante:

Die Spieler robben oder krabbeln rückwärts durch den Parcours, der wie oben mit vielen Hindernissen aufgebaut wurde. Da geht es z. B. unter einem Tisch durch, um eine Schüssel herum, zwischen „Lianen" (Kreppbänder, Luftschlangen) hindurch oder im Zick-Zack durch eine Becherstrecke. Stößt ein Spieler an einen Gegenstand an, so geht er ein Hindernis zurück und bewegt sich von dort aus weiter in Richtung Ziel. Diese spaßvolle Variante wird als *„KRABBEN-KRABBELN"* in **Deutschland** gespielt.

Großbritannien
„PUPPENWERFEN"

Alter: ab 6 Jahren
Spieler: mind. 4
Material: 1 große weiche Puppe (evtl. selber herstellen), 1 Decke
Spieltempo: ruhig ○○✔○○ lebhaft

Spielbeschreibung:

Das Puppenwerfen wird traditionell zum Bonfire-Day gespielt. Dazu basteln sich die Kinder eine große Puppe aus alten Kleidungsstücken (Hemd, Hose, Handschuhe, Socken). Die Kleider werden zusammengenäht und ausgestopft. Der Kopf kann aus einem größeren Tuch hergestellt werden. Zum Füllen eignen sich verschiedene Materialien wie Gras, Stroh, Lumpen oder Schaumstoffreste. Es kann aber ebenso eine große weiche Puppe (oder ein Kuscheltier) verwendet werden. Am Bonfire-Day wird die Puppe in einer Decke durch die Straßen getragen. Erhalten die Kinder eine Spende (Geld, Süßigkeiten) wird mithilfe der

Decke die Puppe in die Luft geworfen und versucht sie wieder aufzufangen. Dazu halten die Kinder die Decke ganz fest und schleudern die Puppe wie in einem Sprungtuch. Mit ein wenig Übung können verschiedene Kunststücke vorgeführt werden.

In **Spanien** heißt das Spiel „**PELELE**", das ist der Name einer Strohpuppe.
Das Strohpuppenspiel wird heute fast nur noch in der Faschingszeit, meist von Schulkindern gespielt. Auf ein Kommando wird die Puppe in die Luft geschleudert, dazu wird ein Reim gesprochen.

Pelele, Pelele, tu madre te quiere, tu padre tambien, todos te queremos. Arriba con él!

Pelele, Pelele, deine Mutter mag dich, dein Vater auch, und wir alle. Hinauf mit ihm!

Indien
„EINBEINHÜPFEN"

Alter: ab 5 Jahren
Spieler: höchstens 15
Material: etwas Kreide oder langes Seil
Spieltempo: ruhig ○ ○ ○ ✔ ○ lebhaft

Spielbeschreibung:

Mit Kreide einen großen Kreis (ca. 15 m) auf den Boden malen. Alle Kinder stehen im Kreis und halten sich z. B. mit der linken Hand das angewinkelte linke Bein fest. Die rechte Hand befindet sich zudem auf dem Rücken. Jetzt versuchen die Kinder auf einem Bein hüpfend die anderen zu fangen oder umzustoßen. Wer mit dem linken Bein den Boden berührt, umfällt oder das Bein herunternehmen muss, um das Gleichgewicht zu halten, verlässt den Kreis. Wer am Ende übrig bleibt, hat gewonnen.

Israel/Palästina
„PFIRSICHKERN ZIELWERFEN"

Alter: ab 6 Jahren
Spieler: 4 bis 6
Material: einige Pfirsichkerne
Spieltempo: ruhig ○ ✔ ○ ○ ○ lebhaft

Spielbeschreibung:

Mehrere Spieler stellen sich an einer Linie auf. Von dort aus werfen sie abwechselnd mit Pfirsichkernen, ohne die Linie zu übertreten, auf einen etwa drei bis fünf Meter entfernt liegenden Pfirsichkernen. Wem das gelingt, der darf alle bereits geworfenen Kerne einsammeln. Gewonnen hat derjenige, der am Ende alle Kerne eingesammelt hat.

Varianten:

In **Frankreich** gibt es ein Spiel namens „**BOULE**", in **Italien** heißt es „**BOCCIA**". Unter dieser Bezeichnung ist es auch in **Deutschland** bekannt. Meist werden Metallkugeln oder mit Wasser gefüllte Plastikkugeln in die Nähe einer kleineren Kugel geworfen. Wer am nächsten an der kleinen Kugel liegt, darf in der folgenden Runde beginnen und die kleine Kugel ins Feld werfen.

Variante:

Ein in Teilen **Mexikos** bekanntes Spiel heißt „**MURMELN ZIELEN**". Dazu benötigt man möglichst verschiedenfarbige Murmeln (oder Tonkugeln). Die Kinder ziehen auf dem Boden eine Linie und stellen sich nebeneinander auf. Eine Murmel wird als Zielpunkt verwendet und ca. ein bis zwei Meter weit weg auf den Boden geworfen. Jedes Kind hat fünf Murmeln in der Hand. Nun beginnt der erste Spieler eine Murmel so dicht an die Zielkugel zu werfen wie möglich, danach ist der zweite und dritte Spieler an der Reihe. Sind alle Spieler einmal an der Reihe gewesen, beginnt der erste Spieler wieder und wirft seine zweite Murmel. Dies geht so weiter, bis alle Spieler ihre fünf Murmeln losgeworden sind. Der Spieler, der mit seiner Murmel den Zielpunkt (Murmel) getroffen hat oder am nächsten dran ist, bekommt die Murmel.

ehem. Jugoslawien
„KLIKERI U RUPU I NA TROUGAO"
(Murmelspiel)

Alter: ab 4 Jahren
Spieler: ab 2
Material: viele Murmeln
Spieltempo: ruhig ○ ✔ ○ ○ ○ lebhaft

Spielbeschreibung:

Zum Üben erhalten alle Spieler die gleiche Anzahl Murmeln. Der erste Spieler versucht nun seine Murmeln in ein Loch, das ca. fünf Meter entfernt ist, zu schnippen. Danach ist der nächste Spieler an der Reihe. Wer die meisten Murmeln einlochen konnte, gewinnt.

Nun erhalten die Spieler je drei Murmeln. Ein Spieler beginnt und versucht mit seinen drei Murmeln ein Dreieck zu bilden. Das heißt die erste und zweite Murmel sollen etwa nebeneinander mit ein wenig Abstand zum Liegen kommen. Die dritte Murmel soll durch die beiden anderen Murmeln in das Loch geschnippt werden, so dass aus den drei liegenden Murmeln ein Dreieck (eine Dreiecksform) gebildet wird.

Kamerun
„BLITZSCHNELL"

Alter: ab 8 Jahren
Spieler: ab 6
Material: pro Spieler 1 spitzer Stab (60 cm lang), mehrere runde Früchte (Grapefruit, Melone, Apfel)
Spieltempo: ruhig ○ ✔ ○ ○ ○ lebhaft

Spielbeschreibung:

Die Spieler teilen sich in zwei gleich große Gruppen auf und stellen sich in einem Abstand von ca. zwei Metern mit dem Gesicht zueinander auf. Jeder Spieler hält nun seinen Stab wurfbereit in der Hand. An einem Ende steht ein weiterer Spieler, dieser rollt nun die Frucht zwischen den Reihen durch. Jetzt versuchen die Spieler blitzschnell mit ihrem Stab die Frucht zu treffen. Ein Treffer ist gleichzeitig ein Punkt. Wer die meisten Punkte sammeln kann, ist ein ausgezeichneter Jäger. Dieses Spiel wird häufig von den Jungen gespielt, die sich im Zielen und Treffen üben, um gute Jäger zu werden.

Variante:

In **Papua-Neuguinea** heißt dieses Spiel **„KABELE"**.
Material: 1 Frucht, pro Spieler 1 langer Stock
Die Kinder stehen im Kreis und halten ihren Stock. Ein Mitspieler wirft die Frucht in die Luft und alle anderen Spieler versuchen nun mit ihren langen Stöcken diese fliegende Frucht zu treffen. Jeder Treffer ist gleichzeitig ein Punkt. Danach darf der nächste Spieler die Frucht hochwerfen, bis alle einmal an der Reihe waren. Der Spieler mit den meisten Punkten hat gewonnen.

Variante:

Statt Früchten und Stöcken können auch Bälle verwendet werden. Ein Ball wird hochgeworfen und die Mitspieler versuchen nun mit ihrem Ball, den fliegenden Ball zu treffen.

Variante:

Ein artverwandtes Spiel in **Ruanda** hat den Namen *„GUTERA URIZIGA"*.
Material: pro Spieler 1 Stab von ca. 1 ½ m Länge, 1 großer Reifen aus Holz

Die Spieler stehen in einer Reihe nebeneinander und halten ihren Stab wurfbereit in der Hand. Der Spielleiter steht ca 5 Meter weiter entfernt, auf gleicher Höhe wie die Spieler. Jetzt rollt der Spielleiter den Reifen. Die Spieler versuchen nun schnell ihren Stab durch den Reifen zu schleudern oder zu werfen. Alle, die es geschafft haben, erhalten einen Punkt. Sieger ist der Spieler mit den meisten Punkten. Die Rolle des Spielleiters kann nach einer vorher festgelegten Anzahl von Runden getauscht werden.

Kanada
„RÜTTELN UND SCHÜTTELN"

Alter: ab 6 Jahren
Spieler: 2
Material: 1 runder Stab, festes Seil, Squashball oder Ähnliches
Spieltempo: ruhig ⭕✔⭕⭕⭕ lebhaft

Spielbeschreibung:

Ein etwa 60 cm langer Stock wird in der Mitte und an den beiden Enden durchbohrt. Zirka 130 cm lange Schnüre werden durch beide Enden gesteckt, die nachher als Gürtel dienen. In das mittlere Loch wird eine ca. 60 cm lange dünnere Schnur gezogen, an deren Ende ein Ball oder ein Kugel befestigt wird.

Zwei Spieler stehen sich gegenüber und binden sich die langen Schnüre als Gürtel um. Durch Drehbewegungen des Bauches gerät der Ball in eine Pendelbewegung und wird mit der Schnur um den Stab gewickelt. Das Abwickeln gelingt ebenso, dabei ist es jedoch wichtig, dass beide Spieler koordinierte Bauchbewegungen machen. Die Hände sind während dieser Zeit in die Hüften gestemmt.

Variante:

Der Ball kann auch durch Hüpfen in Bewegung gebracht werden. Ebenso kann dies auch als Wettkampfspiel durchgeführt werden. Dabei wird die Zeit gestoppt, die die Spieler benötigen, um das Seil auf- bzw. abzuwickeln.

Kenia
„NYAKUA"
(Wegschnappen)

Alter: ab 6 Jahren
Spieler: 2 (3–4)
Material: 12 Steinchen, 1 Frucht oder kleiner Ball, Loch im Boden
Spieltempo: ruhig ✔⭕⭕⭕⭕ lebhaft

Spielbeschreibung:

In den Boden wird ein Loch (nicht zu tief) gebuddelt. Da hinein werden zwölf Steine gelegt. Jetzt beginnt der erste Spieler und wirft die Frucht in die Luft, gleichzeitig schiebt er nun alle zwölf Steinchen aus dem Loch. Er muss sich beeilen, da er die Frucht bzw. den Ball auffangen muss, bevor sie zu Boden fällt. Dann wirft er die Frucht wieder in die Luft und versucht nun ein Steinchen in das Loch zu schieben, bevor er mit derselben Hand die

Frucht auffängt. Es wird immer ein Steinchen in das Loch geschoben, bis alle im Loch, sind. Der zweite Spieler holt immer wieder das eine Steinchen aus dem Loch, um einen guten Überblick zu haben. Schafft ein Spieler diesen Durchgang ohne Fehler, so beginnt er wieder von vorne: Frucht in Luft werfen, Steine aus Loch schieben, Frucht auffangen – Frucht erneut hochwerfen, aber diesmal versucht er zwei Steine gleichzeitig ins Loch zu schieben usw. Macht ein Spieler einen Fehler, so ist der Nächste an der Reihe. Bei jeder Runde wird ein Stein mehr ins Loch geschoben. Bei der dritten Runde drei Steine, bei der vierten vier Steine, bis zum Schluss alle auf einmal hinein geschoben werden. Der Spieler, der einen Fehler macht, fängt da wieder an, wo der Fehler passiert ist.

Lateinamerika
„EL JUEGO DE LAS RUEDAS"
(Reifentreiben)

Alter: ab 6 Jahren
Spieler: beliebig
Material: alte Fahrradschläuche oder -reifen (alternativ auch Holzreifen)
Spieltempo: ruhig ○ ✓ ○ ○ ○ lebhaft

Spielbeschreibung:

Dies ist eines der Lieblingsspiele der Kinder aus den lateinamerikanischen, aber auch afrikanischen Ländern. Die ausgedienten Reifen, am besten Vorderräder, finden sich auf dem Sperrmüll, beim Schrotthändler oder bei einem Fahrradverkäufer. Auf einem großen freien Platz, aber auch in einer Turnhalle werden die Reifen mit der Hand oder mit einem Stöckchen angetrieben.

Variante:

Die Reifen können mit bunten Streifen (Krepppapier, Wolle, Papierstreifen) geschmückt bzw. bemalt werden.

Ein vorher abgesteckter Parcours kann der Reihe nach durchlaufen werden, evtl. die Zeit stoppen.

Variante:

In *Neuseeland* ist ein ähnliches *„REIFEN-TREIBEN"*-Spiel bekannt.
Material: 1 alte Fahrradfelge oder 1 Reifen aus Weidenruten, der mit einer Schnur zusammengebunden wird.

Die Kinder stellen sich in zwei Gruppen, in ca. 10 bis 15 Metern Entfernung auf. Dazwischen wird eine Linie auf den Boden gemalt. Eine Gruppe beginnt den Reifen anzurollen. Dieser muss über die Linie in die Spielhälfte der gegenüberliegenden Gruppe rollen. Die Kinder dort versuchen den Reifen wieder zurückzutreiben, ohne ihn anzuhalten. Der Reifen wird stets mit der flachen Hand angetrieben. Fällt der Reifen in der eigenen Hälfte um, gibt es einen Minuspunkt, ebenso wenn der Reifen angehalten und neu angetrieben werden muss. Für jeden gelungenen Antrieb erhält die Gruppe einen Pluspunkt. Es kann zu Beginn des Spieles vereinbart werden, bei welcher Punktzahl das Spiel beendet ist.

Papua-Neuguinea
„EVANEMA"
(Gleichgewicht trainieren)

Alter: ab 8 (10) Jahren
Spieler: mind. 7, besser mehr
Material: –
Spieltempo: ruhig ✔ ○ ○ ○ ○ lebhaft

Spielbeschreibung:

Bei diesem Spiel gibt es keine Verlierer oder Sieger, hier kommt es darauf an, dass alle Spieler ihren Gleichgewichtssinn trainieren. Die Spieler stellen sich in zwei Reihen mit dem Gesicht zueinander auf. Jetzt legen alle ihrem Gegenüber die Hände auf die Schultern und halten sich ganz fest. An einem Ende klettert ein Kind auf die ausgestreckten Arme und versucht nun ganz vorsichtig über die Armreihe zu gehen. Die Kinder schließen immer wieder die Reihe von hinten auf, so dass das balancierende Kind nur in eine Richtung laufen und sich nicht umdrehen muss. Kann der Läufer das Gleichgewicht nicht mehr halten und fällt um, wird gewechselt.

Variante:

Das „FLIEẞBAND" wird gerne in **Deutschland** gespielt. Die Spieler stellen sich mit dem Gesicht zueinander auf und halten ihrem gegenüberliegenden Mitspieler an den Handgelenken, am besten über kreuz, gut fest. Nachdem alle Spieler sich gut festhalten, legt sich ein Spieler an einem Ende der Reihe auf die Hände/Arme. Nun wird dieser Spieler wie auf einem Fließband befördert, dabei heben und senken die Paare gleichzeitig ihre Arme.

Peru
„DIE GESCHLÄNGELTE STRASSE"

Alter: ab 4 Jahren
Spieler: 2
Material: 2 Flaschenverschlüsse, etwas Kreide oder 1 „Malstein"
Spieltempo: ruhig ○ ✔ ○ ○ ○ lebhaft

Spielbeschreibung:

Die Spieler malen eine ca. 10 cm breite und beliebig lange, geschlängelte Straße (mit vielen Kurven) auf den Boden. Es werden auch eine Start- und Ziellinie aufgemalt. Die Mitspieler erhalten je einen Spielstein (Kronkorken). Anfangs stehen die Spieler mit dem Rücken zur Straße und werfen ihren Spielstein über die Schulter. Wer mit seinem Spielstein die Straße getroffen hat, darf beginnen. Haben mehrere getroffen, beginnt der Spieler, der am weitesten geworfen hat. Dieser beginnt nun seinen Spielstein so zu schnippen (mit Daumen und Zeigefinger), dass der Stein innerhalb der Straße liegen bleibt. Landet er dagegen außerhalb der Straße oder auf einer Linie, kommt der nächste Spieler an die Reihe. Gewonnen hat der Spieler, der als Erstes seinen Spielstein durch das Ziel schießt.

Variante:

Eine Spielvariante kommt aus **Spanien** und heißt „RENNBAHN". Es werden hier alle Rennautos (Kronkorken) an den Start gelegt. Die Spieler kommen nacheinander an die Reihe. Jeder darf zweimal seinen Flitzer vorwärts kicken, danach ist der nächste Spieler an der Reihe. Bleibt der Flitzer auf der Ziellinie liegen, verlässt er das Spielfeld oder wird von einem anderen Flitzer von der Fahrbahn geschoben, so beginnt das Spiel für diesen Flitzer von vorne. Der schnellste Rennwagen gewinnt.

Schweden
„KUBB"

Alter: ab 8 Jahren
Spieler: 2 Personen oder 2 Teams
Material: alle Teile sind aus Holz: 1 König,
10 Ritter, 6 Wurfstäbe, 4 Begrenzungsstäbe
Spieltempo: ruhig ◐ ✓ ◯ ◯ ◯ lebhaft

Spielbeschreibung:

Ziel: Möglichst viele der gegnerischen Ritter und
dann den König mit den Wurfstäben treffen.
Vorbereitung: Das Spielfeld markieren, ideal
sind 10 x 5 m, die Ecken werden mit den Be-
grenzungsstäben markiert und die fünf Ritter
auf den zwei Basislinien und der König in der
Mitte aufgestellt. Die Werfenden stehen irgendwo auf ihrer Basislinie. Die Stäbe werden
senkrecht aus dem Unterarm geworfen. Ein
Spieler aus jedem Team wirft einen Stab möglichst nah zum König, ohne ihn zu treffen, wer
am nächsten dran ist, beginnt. Die sechs Wurfstäbe werden geworfen, um möglichst viele
Ritter umzuwerfen. Wenn die sechs Stäbe geworfen sind, ist das andere Team an der Reihe,
das die umgeworfenen „beweglichen" Ritter
bekommt und sie von der Basislinie in die
Seite des Gegners wirft. Die Ritter müssen im
Spielfeld landen und werden dort, wo sie landen, aufgestellt. Das werfende Team hat zwei
Versuche, jeden Ritter ins Spielfeld zu werfen.
Wenn sie es nicht schaffen, darf das gegnerische Team die Stäbe aufstellen, wo es will, aber
mindestens eine Stablänge vom König entfernt. Das zweite Team ist jetzt an der Reihe
die Stäbe zu werfen und die Ritter umzuwerfen. Die Ritter auf der Basislinie dürfen nicht
umgeworfen werden, bis alle Ritter im Feld
umgeworfen sind. Wenn das Team seine sechs
Stäbe geworfen hat, ist das erste Team an der
Reihe und der ganze Ablauf beginnt von vorn.
Alle umgeworfenen Ritter werden in die geg-

nerische Seite des Spielfelds geworfen. Sie werden dort aufgestellt und müssen vor den Rit-
tern auf der Basislinie umgeworfen werden.
Wenn es ein Team nicht schafft, alle beweglichen Ritter umzuwerfen, darf es seine Basislinie bis zum vordersten Ritter verschieben, so
lange es an der Reihe ist. Wenn dieser Ritter
umgeworfen ist, geht die Basislinie an ihre ur-
sprüngliche Position zurück. Wenn ein Ritter
auf der Basislinie umgeworfen wird, bevor alle
im Feld umgeworfen sind, zählt es nicht und
er wird wieder aufgestellt. Wenn es ein Team
geschafft hat, alle Ritter auf der gegnerischen
Seite umzuwerfen, müssen sie den König umwerfen. Auf den König wird immer von der
Grundlinie geworfen. Ein Team muss mindestens zwei Wurfstäbe übrig haben, bevor es den
König umwerfen darf. Damit wird verhindert,
dass das Spiel schon in der ersten Runde entschieden wird. Wer den König umwirft, bevor
alle anderen Ritter umgeworfen sind, verliert.

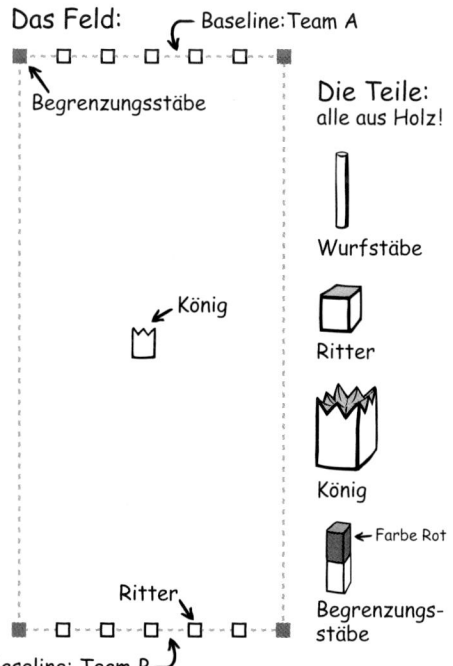

Das Feld: Baseline: Team A
Begrenzungsstäbe

Die Teile:
alle aus Holz!

König

Wurfstäbe

Ritter

König

Ritter
← Farbe Rot
Begrenzungs-
stäbe
Baseline: Team B

Spanien
„CROMOS"
(Papier klatschen oder Bildchen drehen)

Alter: ab 6 Jahre
Spieler: ab 2 – (in Spanien nur für Mädchen)
Material: Bilder (gibt es auch hier zu kaufen) oder selbst gemachte Bildchen aus Papier
Spieltempo: ruhig ○ ○ ✔ ○ ○ lebhaft

Spielbeschreibung:

Zuerst wird festgelegt, wer beginnt. Dann legt jedes Kind ein Bildchen auf eine feste Fläche. Alle Bildchen liegen aufeinander. Der erste Spieler klatscht mit der Hand auf die Bildchen und versucht diese aus dem Schlag heraus zu drehen. Jedes gedrehte Bildchen gehört ihm. So geht es weiter, bis alle Bildchen gedreht sind. Beim ersten Fehlversuch, bei dem sich kein Bildchen mehr dreht, ist das nächste Kind dran. Man kann das Spiel beenden, nachdem die ausgelegten Bilder ausgespielt worden sind.

USA
„SKELLY"

Alter: ab 6 Jahren
Spieler: ab 2
Material: Kreide, je Spieler ein Kronkorken
Spieltempo: ruhig ✔ ○ ○ ○ ○ lebhaft

Spielbeschreibung:

Der Spielplan (Quadrat) wird mit Kreide auf den Boden gemalt oder mit einem Stöckchen in die Erde geritzt. Die Seitenlänge beträgt ca. ein Meter. Die Spieler schnippen abwechselnd ihren Kronkorken über alle Zahlen von 1 bis 13 und wieder zurück. Die Spieler dürfen solange weiter spielen, wie sie die richtige Zahl treffen, ansonsten kommt der nächste Spieler

an die Reihe. Die mittleren vier Felder (um die 13 herum) heißen Skells. Trifft ein Spieler mit seinem Korken auf ein Skell, so muss er solange aussetzen, bis ihm ein anderer Spieler zu Hilfe kommt. Dieser versucht mit seinem Korken den anderen aus dem Skell heraus zu schießen. Zur Belohnung darf er weiterspielen und so viele Felder überspringen, wie die Zahl im Skell zeigte. Ist ein Spieler mit seinem Kronkorken wieder bei der eins angekommen, erhält er einen Punkt. Der nächste Spieler ist an der Reihe. Wer nach einer vorher bestimmten Anzahl von Runden die meisten Punkte besitzt, ist der geschickteste Spieler.

Spielplan:

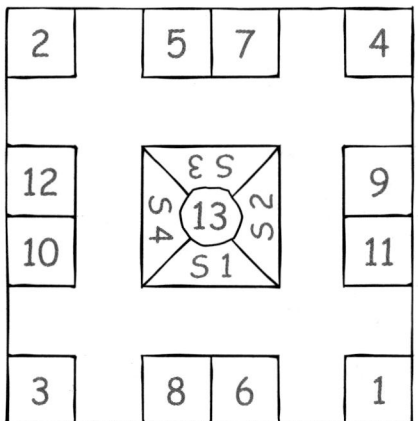

Sprachspiele

In dieser Spielgruppe steht die Sprache oder das Experimentieren mit dieser im Vordergrund. Das Sprachvermögen wird auf spielerische Weise trainiert und geschult. Hierbei ist die Muttersprache ebenso wichtig wie die Fremdsprache. Im Allgemeinen soll die sprachliche Entwicklung spielerisch angeregt werden. Die Richtigkeit der Aussagen steht nicht immer im Vordergrund, vielmehr ist auf eine deutliche Aussprache zu achten. Die Sprachspiele haben einen unterschiedlichen Schwierigkeitsgrad, der wie bei anderen Spielformen nach Alter und Entwicklungsstand der Kinder variiert werden

kann. Eine erwachsene Person als Spielleiter ist hier wichtiger als in anderen Spielkategorien. Bei den meisten Spielen können viele Kinder mitspielen. In dieser Kategorie finden sich viele Spiele, bei denen es keinen Sieger gibt. Bei den Spielen dieser Gruppe wird das Erinnerungsvermögen mit einfachen Mitteln trainiert. Meistens geht es um alltägliche Gegenstände und Situationen, mit denen Kinder vertraut sind oder mit denen sie vertraut gemacht werden können. Kinder, die sich ansonsten wenig äußern, können hier auf spielerische Weise zum aktiven Mittun angeregt und aus der Reserve gelockt werden.

Afghanistan
„SHASH NA PANJ"
(Fünf statt Sechs)

Alter: ab 6 Jahren
Spieler: viele
Material: –
Spieltempo: ruhig ○✔ ○ ○ ○ lebhaft

Spielbeschreibung:

Ein Spielleiter wird ausgewählt. Dieser gibt nun jedem Mitspieler eine Nummer. Jeder Spieler merkt sich seine eigene Nummer, aber auch die der anderen. Das Spiel beginnt, indem der Spielleiter eine Nummer ruft. Der Spieler, der diese Nummer hat, ruft schnell eine andere Zahl. So geht es immer weiter. Ruft ein Spieler aus Versehen eine Nummer, die es in diesem Spiel nicht gibt, oder macht er eine zu lange Pause, scheidet er aus. Der Spieler mit der längsten Ausdauer gewinnt.

Variante:

- Statt Nummern können auch Tiere, Pflanzen oder andere Gegenstände benannt werden.
- Die Spieler, die einen Fehler machen, scheiden nicht aus, sondern geben ein Pfand ab.

Variante:

In **Deutschland** ist ein ähnliches Spiel unter dem Titel **„RIPPEL TIPPEL"** bekannt. Bei dieser Version wird etwas Creme gebraucht. Alle Kinder sitzen um einen großen Tisch (möglichst rund). Jedes Kind erhält eine Nummer. Ein Kind beginnt und spricht den Spruch:

„Rippel Tippel Nummer 5 mit keinem Tippel ruft Rippel Tippel Nummer 3 mit keinem Tippel."

Nun ist Nummer 3 an der Reihe diesen Spruch fehlerfrei aufzusagen. Schafft er es nicht, erhält er einen Tippel (Tupfen) aus Creme und ist nun Nummer 3 mit einem Tippel. So geht es immer weiter.

Variante:

Beim Sprechen des Verses mit den Fingern auf die Tischplatte trommeln und bei der eigenen Nummer den rechten Finger und bei der folgenden Nummer den linken Finger kurz hochheben.

Dänemark
„Bro Bro Brille"
(Brücke Brücke Brille)

Alter: ab 4 Jahren
Spieler: beliebig
Material: –
Spieltempo: ruhig ○✔ ○ ○ ○ lebhaft

Spielbeschreibung:

Zwei Erwachsene bilden eine Brücke und singen das Lied: „Bro Bro Brille". Bei den letzten Silben wird ein Kind gefangen. Dieses wird gefragt, ob es lieber Äpfel oder Bananen möchte. Das Kind stellt sich nun hinter den Erwachsenen, der dieser Frucht entspricht. Dann gehen alle Kinder wieder durch die Brücke und singen das Lied. Dies geht solange, bis alle Kinder gefangen genommen wurden. Anschließend halten sich alle Äpfel und alle Bananen an den Händen fest und versuchen sich im Tauziehen über die vorher am Boden gekennzeichnete Mitte zu ziehen.

Bro, bro brille, klokken ringer elleve.
Kejseren står på sit, høje hvide slot.
Så hvidt som et kridt – så sort som et kol.
Fare – fare – krigsmand – dødon skal dv lide.

Den der kommer allersidst, skal i den sorte gryde.
Første gang så lader vi ham gå – anden gang så ligeså.
Men tredie gang så tar vi ham og pvtter ham I gryde.
Vil du have æble – pære el banan.

Variante:

In **Mexiko** wird **„QUE PASE EL REY"**, das bedeutet „Macht Platz für den König" gesungen.

Die Brücke wird von zwei Spielern gebildet, der Sonne und dem Mond. Alle anderen Kinder bilden einen Kreis und gehen nacheinander durch die Brücke. Dabei sagen sie folgenden Sprechgesang: „Macht Platz für den König, der Bauer muss bleiben." Bei der letzten Silbe geht die Brücke runter und ein Spieler wird „gefangen". Sonne und Mond fragen: „Wohin willst du gehen? Hinter den Mond oder hinter die Sonne?" Die Spieler stellen sich entsprechend ihren Entscheidungen auf. Die anderen spielen solange weiter, bis alle Kinder hinter Sonne und Mond verteilt sind. Nun wird eine Linie auf den Boden gezeichnet (mit Kreide oder es wird ein Seil oder ein Stöckchen hingelegt). Alle Sonnen und alle Monde geben sich die Hände und versuchen sich gegenseitig über die „Grenze" zu ziehen.

Variante:

In der **Türkei** heißt ein Brückenlied **„AÇ KA-PIYI BEZIRGAN BASI"**. Der Spielverlauf entspricht den genannten.

Variante:

Die **„LÖWENFALLE"** ist bei den Kindern im **Sudan** bekannt.

Die Kinder bilden einen Kreis und gehen reihum. Zwei Kinder, ein Löwe und ein Leopard halten sich an den Händen und bilden entweder einen Tunnel (Brücke) oder eine

Falle. Die im Kreis gehenden Kinder ziehen durch den Tunnel und sprechen einen Vers, dazu klatschen sie in die Hände.

„Löwe und Leopard, Löwe und Leopard, zwei nächtliche Jäger;
Löwe und Leopard, Löwe und Leopard, schlagen ihre Beute."

Die Falle klappt bei der letzten Silbe zu. Das eingefangene Kind muss kurz ausscheiden. Die restlichen Kinder ziehen singend weiter. Ist der zweite Spieler gefangen worden, bildet er mit dem ersten eine weitere Falle. So geht es immer weiter, bis nur noch zwei Spieler – die Sieger – übrig bleiben.

Varianten:

- Löwe und Leopard lassen sich durch andere landestypische Tiere verändern.
- Die ausscheidenden Kinder entscheiden, ob sie sich hinter den Löwen oder den Leoparden setzen und machen am Ende des Spieles ein Tauziehen.

Dänemark
„RÆV OG HØNE"
(Der Fuchs und das Huhn)

Alter: ab 5 Jahren
Spieler: ab 5
Material: –
Spieltempo: ruhig ◯ ◯ ◯ ✓ ◯ lebhaft

Spielbeschreibung:

Ein Kind spielt einen Fuchs, ein weiteres ist das Huhn und die restlichen Mitspieler sind Küken. Zwischen dem Huhn und den Küken sind einige Meter Platz, das ist der Wald: Im Wald befindet sich der Fuchs. Es entsteht ein Dialog:

Huhn: „Kom hjem alle mine kyllinger."
Kommt heim alle meine Küken.

Küken: „Vi tør ikke."
Wir wagen es nicht!

Huhn: „Hvorfor ikke?"
Warum nicht?

Küken: „For ræven."
Wegen des Fuchs'.

Huhn: „Hvor er han?"
Wo ist er?

Küken: „I skoven."
Im Wald.

Huhn: „Kom hjem alligevel!"
Kommt schnell heim ohne den
Fuchs!

Jetzt müssen die Küken versuchen, ohne von dem Fuchs gefangen zu werden, schnell nach Hause zur Mutter, also zum Huhn zu kommen. Das Küken, das als Erstes vom Fuchs erwischt wird, spielt nun den Fuchs. Der Fuchs wird zum Huhn. Das Huhn wird ein Küken.

Variante:

Dieses Spiel ist in einer ähnlichen Form in *Griechenland* bekannt. Der Titel heißt *„PERPATO IS TO DHASOS"* und bedeutet soviel wie: Ich geh in den Wald.

Der Wolf versteckt sich im Wald (eine Seite des Spielfeldes), die restlichen Kinder stehen auf der anderen Seite, im Dorf. Dazwischen liegen ca. 15 Meter „Wald" (Wiese, Feld). Die Kinder laufen auf den Wolf zu und sagen folgenden Text:

Kinder: „Perpato is to dhasos.
Ke fonaso to liko.
Like, like ise edho?"
Ich geh in den Wald.
Und rufe den Wolf.
Wolf, Wolf, bist du da?

Wolf: „Edho ime."
Ich bin da.

Kinder: „Ti kanis?"
Was machst du?

Wolf: „Vaso to pandeloni mu!"
Ich ziehe meine Hosen an!

Kinder: „Ti kanis?"
Was machst du?

Wolf: „Vaso to sakkaki mu!"
Ich ziehe mein Sakko an!

Kinder: „Ti kanis?"
Was machst du?

Wolf: „Perno ti maggura mu
ke sas kinigho!"
Ich nehme meinen Stock
und fange euch!

Der Wolf rennt aus seinem Versteck heraus, fängt nun die Kinder und versucht dabei so viele wie möglich zu erwischen. Die Kinder aber rennen schnell wieder zu ihrer Ausgangsposition, dem Dorf, zurück. Sind alle Kinder gefangen, endet das Spiel oder beginnt mit einem neuen Wolf.

Variante:

Ein ähnliches Spiel kommt aus *Italien* und heißt dort *„LUPO, LUPO, COSA FAI?"*. Das bedeutet: Wolf, Wolf, was machst du? Die Spieler zählen aus, wer den Wolf spielen darf. Alle anderen Spieler sind die Schäfchen. Der Bau des Wolfes ist ca. 15 Meter von der Wiese, auf der die Schäfchen sind, entfernt. Die Schäfchen sind sehr neugierig und wollen den Wolf besuchen. Sie nähern sich langsam dem Wolf, dabei entsteht folgender Dialog:

Schäfchen: „Lupo, lupo, cosa fai?"
Wolf, Wolf, was machst du?

Wolf: „Mi liscio il pelo."
Ich streiche mein Fell glatt.

Schäfchen: „Lupo, lupo, cosa fai?"
Wolf, Wolf, was machst du?

Wolf: „Affilo i miei denti."
Ich schärfe meine Zähne.

Schäfchen: „Lupo, lupo cosa fai?"
Wolf, Wolf, was machst du?
Wolf: „Vengo a prendervi per mangiarvi!"
Ich komm und fresse euch auf!

Kaum hat der Wolf dies ausgesprochen, rennt er auch schon los, um die Schäfchen zu fangen. Diese laufen so schnell wie möglich zu ihrem Stall (Anfangslinie) zurück. Dort sind sie in Sicherheit. Die gefangenen Schäfchen bleiben im Bau des Wolfes. Der zuerst (oder zuletzt) gefangene Spieler wird nun zum Wolf. Der Text, den die Schäfchen zu sagen haben, ist so einfach, dass er in Kürze von allen Spielern gesprochen werden kann.

Deutschland
„IN EINEM ANDEREN LAND"

Alter: ab 6 Jahren
Spieler: beliebig
Material: –
Spieltempo: ruhig ○ ○ ○ ✓ ○ lebhaft

Spielbeschreibung:

Alle Kinder stehen in einem Kreis. In der Mitte steht ein Kind und erzählt eine Geschichte von einem anderen Land. Die Bewegungen, die der Erzähler vormacht, machen alle Kreisspieler nach, aber nur, wenn der Zusatz „in einem anderen Land" davor gesagt wurde. Beispiel: „In einem anderen Land hüpfen die Menschen zur Arbeit", so hüpfen alle Kinder. Sagt der Erzähler: „Sie klatschen beim Singen", so darf niemand klatschen. Klatscht doch ein Kind, so wird es nun zum Erzähler.

Variante:

Alle Kinder sitzen im Kreis. In der Mitte des Kreises liegen Löffel (einer weniger als Spie-

ler). Ein Kind erzählt eine Geschichte, z. B. von der Hasenfamilie Löffelstiel. Sobald das Wort „Löffel" einzeln oder in Verbindung gesagt wird, versuchen alle Kinder (auch der Erzähler) einen Löffel zu schnappen. Wer nicht schnell zugreift und ohne Löffel bleibt, erzählt diese Geschichte oder eine andere weiter.

Variante:

Eine Person erzählt eine Geschichte. Bei einem bestimmten Wort, dem Losungswort, klatschen alle in die Hände. In diesem Beispiel geht es um „Obstsalat". Erzähler: „Ich bereite heute einen Obstsalat (alle klatschen) zu. Am besten gehe ich auf den Markt. Da bekomme ich was ich zum Obstsalat (wieder klatschen) brauche …

Hat ein Spieler zu spät oder gar nicht geklatscht, muss er nun die Geschichte weitererzählen.

Deutschland
„WILLI IST KRANK"

Alter: ab 6 Jahren
Spieler: ca. 5 bis 8
Material: pro Spieler 1 Korken
Spieltempo: ruhig ✓ ○ ○ ○ ○ lebhaft

Spielbeschreibung:

Die Spieler sitzen im Kreis und haben einen Korken hochkant im Mund. Das erste Kind sagt nun zum Zweiten: „Willi ist krank!" Das zweite Kind fragt: „Was hat er denn?" Daraufhin antwortet das erste: „Er hat …!" Hier kann eine beliebige Krankheit, z. B. Zahnschmerzen, eingesetzt werden. Dann sagt das zweite Kind zum Dritten: „Willi ist krank!" Das Dritte: „Was hat er denn?" Die Antwort vom Zweiten lautet: „Er hat Zahnschmerzen und Fieber." Die Kinder sagen reihum dasselbe, sie wiederholen die bisherigen Krankheiten und fügen jeweils eine neue Besonderheit hinzu. Das geht solange weiter, bis entweder alle einmal dran waren oder bis die Mitspieler durch Fehler, wie falsche Krankheit oder verkehrte Reihenfolge nennen, ausscheiden. Durch den Korken im Mund muss jeder gut aufpassen, was gesagt wird. Es hört sich alles ganz witzig an.

Variante:

Das Spielprinzip ist ähnlich wie beim „Koffer packen", es wird immer eine neue Sache hinzugefügt und der folgende Spieler wiederholt das bisher Gesagte. Anstatt Krankheiten werden verschiedene Dinge, wie Kleidungsstücke, in den Koffer gepackt. Der zu sprechende Satz heißt: „Ich packe meinen Koffer und lege eine Hose hinein." Der 2. Spieler wiederholt: „Ich packe meinen Koffer und lege eine Hose und ein T-Shirt hinein."

Variante:

- Bei Älteren und/oder wenigen Spielern können gleich je zwei Krankheiten genannt werden.
- Es können genauso gut die Namen der Reihe nach aufgesagt und wiederholt werden. Lustiger ist es, wenn jeder Spieler seinen Namen sagt und gleichzeitig eine Bewegung dazu macht. Beispiel: „Ich heiße Andreas und mache so …" (Hand auf den Kopf legen), der nächste Spieler sagt: „Du bist Andreas und machst so … (Bewegung nachmachen), ich heiße Lara und mache so …" (einen Knicks machen). Das geht so weiter, bis alle mindestens einmal an der Reihe waren.

Variante:

Eine weitere Möglichkeit besteht bei diesem Spielprinzip darin, Sätze aufzubauen. Der erste Spieler beginnt mit einem beliebigen Wort, z. B. „Das". Der zweite Spieler sagt: „Das Haus",

der dritte: „Das Haus steht". Das geht immer so weiter, bis der Satz zu kompliziert wird oder zu verschachtelt ist. Der Spieler, bei dem der andere Satz aufhört, beginnt mit einem neuen Wort.

Großbritannien
„I SPY"
(Ich sehe was, was du nicht siehst)

Alter: ab 6 Jahre
Spieler: mind. 2
Material: –
Spieltempo: ruhig ✔ ⭘ ⭘ ⭘ ⭘ lebhaft

Spielbeschreibung:

Ein Kind sucht einen Gegenstand im Zimmer und sagt: „Ich sehe etwas, das mit … (Buchstabe) beginnt", z. B. „S" für Stuhl usw. Die anderen Kinder dürfen abwechselnd jeweils einmal raten, bis der Gegenstand gefunden ist. Das Kind, das den Gegenstand erraten hat, kommt als Nächstes an die Reihe. Es sucht sich einen Gegenstand aus und sagt das Sprüchlein auf. In englischer Sprache sagt das Kind: „I spy with my little eye, something beginning with …"

Variante:

Das Spiel ist auch mit jüngeren Kindern spielbar. Der Spruch lautet dann: „Ich sehe was, was du nicht siehst und das ist …" (Farbe nennen), z. B. Rot für eine Tomate.

Mexiko
„MI PAPAGAYO COLORADO"
(Mein bunter Papagei)

Alter: ab 8 Jahren
Spieler: mind. 5
Material: 1 Murmel oder 1 anderer kleiner Gegenstand
Spieltempo: ruhig ○ ✔ ○ ○ ○ lebhaft

Spielbeschreibung:

Die Kinder sitzen alle im Kreis. Ein Kind hält den kleinen Gegenstand in der Hand. Es dreht sich zu seinem rechten Nachbarn und spricht:

„¿Quieres comprar mit papagayo colorado?"
Willst du meinen bunten Papagei kaufen?
Der Mitspieler fragt:
„¿Me morderá?"
Beißt er mich?
Das 1. Kind antwortet:
„No, no te morderá!"
Nein, er beißt dich nicht.

Daraufhin gibt er den „Papagei" seinem rechten Mitspieler weiter. Dieser stellt wiederum die gleichen Fragen an seinen rechten Partner. Wenn die Gegenfrage kommt „Beißt er mich?", so darf er nicht antworten, sondern gibt die Frage an das erste Kind zurück: „Beißt er mich?" Er erhält die gleiche Antwort: „Nein, er beißt dich nicht." Jetzt darf das 2. Kind dem 3. Kind die Antwort sagen. Dieses erhält den „Papagei" usw. Die Frage: „Beißt er mich?" macht jedesmal die Runde bis zum Anfangsspieler. Die Antwort: „Nein, er beißt dich nicht.", geht durch alle Spieler zurück. Wer die falsche Antwort gibt oder lachen muss, gibt ein Pfand ab.

Portugal
„JOGO DOS POSTES"
(Spiel der Töpfe)

Alter: ab 6 Jahren
Spieler: ca. 8 bis 10
Material: –
Spieltempo: ruhig ○ ✔ ○ ○ ○ lebhaft

Spielbeschreibung:

Aus den Spielern wird ein Kind zum Händler, ein anderes zum Kunden ausgewählt. Die restlichen Kinder spielen „Töpfe", sie gehen in die Hocke und halten die Hände unter den Beinen (Knien) zusammen. Die Töpfe werden in einer Reihe aufgestellt und zum Verkauf angeboten. Der Händler liefert sich mit dem Kunden nun folgenden Dialog:

Der Kunde geht auf den Händler zu und fragt:
Kunde: „Tem Potes?" Haben Sie Töpfe?
Händler: „Tenho, sim senhor." Die habe ich, mein Herr.
Der Kunde prüft nun die Töpfe, wählt einen davon aus und fragt:
Kunde: „Quanto custa?" Was kostet dieser?
Händler: „Mil escudos." Tausend Escudos.
Der Kunde klopft nun dem Topf vorsichtig auf den Bauch und fragt:
Kunde: „Vamos a ver se soa bem." Schauen wir mal, ob dieser gut klingt.

Der „Topf" antwortet mit einem witzigen Geräusch, z. B. gluck, gluck oder ding, ding. Danach heben der Händler und der Kunde den Topf hoch. Beide fassen je einen „Henkel" (Arm des Kindes) an und tragen den Topf zum Haus des Kunden (ca. fünf Schritte genügen). Kann das „Topf-Kind" seine Beine nicht mehr festhalten und lässt los, so bricht der Henkel ab und der ganze Topf zerbricht. Der Kunde „bezahlt" dem Händler sein Geld. Der ausgewählte Topf wird nun zum Händler und sucht sich einen neuen Kunden aus. Der vorherige Händler und Kunde werden nun zu Töpfen. So kommt jeder mal an die Reihe.

Russland
„DESJAT RUBLEJ"
(Zehn Rubel)

Alter: ab 8 Jahren
Spieler: ab 2
Material: –
Spieltempo: ruhig ⭘✔⭘⭘⭘ lebhaft

Spielbeschreibung:

Eine Spielsequenz besteht immer aus einem Zwiegespräch. Bei diesem Spiel geht es darum, dass der Gefragte weder ja – nein – schwarz oder weiß sagt. Daher sind die Fragen so zu formulieren, dass möglichst mit einem der vier Worte geantwortet werden kann.

Der Spielleiter sagt zum 1. Spieler:
„Du hast zehn Rubel geschenkt bekommen. Du kannst kaufen die schönsten Sachen, doch hüte dich vorm Lächeln und Lachen. Schwarzes und Weißes, das darf nicht sein und sprich beim Einkauf nicht ja und nicht nein! Was kaufst du dir?"
Spieler: „Zwei Mäuschen."
Spielleiter: „Ein weißes und ein schwarzes?"
„Zwei graue."
„Willst du ein Weibchen und ein Männchen?"
„Ja." –

Nun muss der Spieler ein Pfand abgeben, da er nicht schwarz und weiß, nicht ja und nein sagen darf. Falls der Gefragte lachen muss, gibt er ebenfalls ein Pfand ab.
Es ist wichtig, seine Fragen möglichst schnell zu stellen, damit keine Zeit zum Überlegen bleibt.

Schafft ein Spieler eine gewisse Zeit (kann vorher festgelegt werden, z. B. drei Minuten) nichts falsch zu machen (muss er kein Pfand abgeben), es wird aber dann trotzdem gewechselt, damit jeder einmal an die Reihe kommt. Die eingesammelten Gegenstände (Pfänder) werden dann noch ausgelost.

USA
„IN DIE ZUKUNFT WEISEN!"

Alter: ab 8 Jahren
Spieler: mind. 2
Material: Papier und Stifte
Spieltempo: ⭘✔⭘⭘⭘ lebhaft

Spielbeschreibung:

Ein Blatt wird in fünf mal fünf Kästchen unterteilt. Ein Mitspieler, häufig spielen dies die Mädchen, wird nun nach fünf Automarken, fünf Lieblingsfarben, fünf Städten, fünf Jungen- oder Mädchennamen und noch nach fünf Musikinstrumenten gefragt. Diese werden nach den jeweiligen Gruppen sorgfältig in die Kästchen eingetragen. Nun wird der Spieler gefragt, in welchem Alter er denn heiraten möchte. Diese Zahl und das jetzige Alter werden zusammengezählt, z. B. 26 + 11 = 37. Jetzt wird die Summe aufgeteilt in die zwei Zahlen, also 3 und 7 und wieder zusammengezählt (Quersumme bilden). Dies ergibt die Zahl zehn. Nun wird auf dem Blatt jedes zehnte Wort durchgestrichen, bis nur noch ein Wort in jeder Zeile übrig bleibt. Dieses wird sofort eingekringelt. Die durchgestrichenen Wörter werden nicht mehr mitgezählt, die eingekreisten Wörter werden übersprungen. Am Ende bleibt in jeder Zeile ein eingekreistes Wort übrig, diese sagen nun „gewissenhaft" die Zukunft voraus.

Dieses Spiel ist ebenfalls in *Deutschland* bekannt, hat aber keinen bestimmten Titel.

Kreisspiele

Die Spiele, die sich in dieser Kategorie befinden, haben eines gemeinsam: Sie werden alle so gespielt, dass die Kinder sich im Kreis aufstellen. In der Regel stehen sie mit dem Gesicht zur Mitte, das bedeutet, dass sich alle Kinder ansehen können. Sie haben eine gleichwertige Position, es gibt keinen „Ersten" und „Letzten". Bei einigen Spielen haben durch Auslosen oder freiwilliges Beginnen einige Kinder eine besondere Rolle. Sie befinden sich manchmal in der Kreismitte und/oder außerhalb des Kreises. In der Regel werden die Rollen im Verlauf eines Kreisspieles vertauscht. So hat jedes Kind die Möglichkeit, sich einmal in einer besonderen Rolle zu präsentieren. Viele Spiele sind ohne, andere mit wenig zusätzlichem Material spielbar.

Ägypten
„SCHLANGENTANZ"

Alter: ab 4 Jahren
Spieler: ab 3
Material: –
Spieltempo: ruhig ◎ ◎ ◎ ✓ ◎ lebhaft

Spielbeschreibung:

Mit einem Stein oder einem Stück Kreide wird ein Kreis von ca. 2–3 m Durchmesser auf den Boden gemalt oder in den Sand gezeichnet. Ein Kind ist der Schlangentänzer und steht (ohne Schuhe) im Kreis. Alle anderen Mitspieler – die Schlangen – versuchen auf dem Boden kniend die Füße des Schlangentänzers zu fangen. Der Spieler, der es schafft, einen Fuß zu erwischen, ist nun der neue Schlangentänzer.

Afghanistan
„BASTA CON TOR RA"
(Schliess das Tor)

Alter: ab 4 Jahren
Spieler: beliebig
Material: 1 kleiner Ball
Spieltempo: ruhig ◎ ◎ ✓ ◎ ◎ lebhaft

Spielbeschreibung:

Die Kinder bilden einen Kreis. Sie stehen breitbeinig dicht nebeneinander, so dass die eigenen Füße die des Nebenspielers berühren. Ein Spieler hat den Ball und steht in der Mitte des Kreises. Dieser Spieler versucht nun den Ball durch die Beine seiner Mitspieler zu rollen. Die anderen passen gut auf und schließen blitzschnell die Beine, um den Ball nicht durchzulassen. Wer den Ball durchlässt, tauscht mit dem Spieler in der Mitte den Platz.

Variante:

Als Wettkampfspiel: Wer den Ball durch seine Beine rollen lässt, scheidet aus. Der Spieler, der am besten reagiert hat, wird zum besten Tormann gekürt und versucht in der folgenden Runde den Ball durch die Beine der Mitspieler zu rollen.

Afrika
„DA STEHT SAID"
(Said ist der Name eines afrikanischen Jungen)

Alter: ab 4 Jahren
Spieler: beliebig
Material: –
Spieltempo: ruhig ◎ ✓ ◎ ◎ ◎ lebhaft

Spielbeschreibung:

Ein Kind steht in der Mitte, die anderen Kinder halten sich an den Händen fest und bilden einen Kreis. Der Kreis bewegt sich nun singend (Text unten stehend) in eine Richtung, um das Kind in der Mitte herum. Dieses geht oder hüpft nun auf ein Kind aus dem Kreis zu und berührt es am Arm. Daraufhin klatschen beide Kinder in die Hände und tauschen ihre Plätze. Der Kreis begibt sich wieder singend weiter und fügt nun den Namen des neuen Kindes im Kreis ein. Der Text wird auf eine Melodie gesungen, die dem Lied „Bruder Jakob" sehr ähnlich ist.

Da steht Said, da steht Said,
schaut nur hin, schaut nur hin,
ja ich glaub, er hüpft schon,
ja ich glaub, er hüpft schon
gleich kommt er, gleich kommt er.

Für Said wird immer der Name des Kindes, das gerade in der Mitte steht, eingefügt.

Dänemark
„FUGLEN LEVER STADIG"
(Der lebendige Vogel)

Alter: ab 8 Jahren, in Beisein eines Erwachsenen!
Spieler: ab 8
Material: 1 Stock, Feuerzeug oder Streichhölzer
Spieltempo: ruhig ⚪✔⚪⚪⚪ lebhaft

Spielbeschreibung:

Die Spieler sitzen alle im Kreis, z. B. um ein Lagerfeuer herum. Der Stock wird am Lagerfeuer oder mit einem Feuerzeug entzündet und im Kreis herumgereicht. Es ist wichtig, den Stock mit der Flamme nach oben zu halten, so ist es viel schwieriger, das Feuer am Leben zu halten. Die Spieler versuchen das Feuer nicht ausgehen zu lassen, indem sie die Flamme anpusten oder mit dem Stock wedeln. Wer das Feuer ausgehen lässt, gibt ein Pfand ab, das später ausgelost wird. Wird der brennende Stock weitergereicht, spricht der Spieler: „Der Vogel lebt!" – „Fuglen lever stadig!" Dieses Spiel ist bereits sehr alt und nicht mehr so weit verbreitet.

Deutschland
„KREISHÜPFEN"

Alter: ab 4 Jahren
Spieler: beliebig
Material: etwas Kreide
Spieltempo: ruhig ⚪⚪⚪✔⚪ lebhaft

Spielbeschreibung:

Pro Teilnehmer werden kleine Kreise auf den Boden gemalt. Diese Kreise werden in Form eines großen Kreises angeordnet. In jedem Kreis steht ein Spieler. Jetzt geht (wird vorher ausgewählt) ein Spieler in die Mitte des großen Kreises, sein kleiner Kreis bleibt frei. Auf ein Zeichen, das der Spieler in der Mitte gibt, bewegen sich alle Spieler in eine Richtung. Dabei gehen sie von einem Kreis in den nächsten. Der Spieler, der dem freien Kreis am nächsten steht, muss natürlich zuerst beginnen, die anderen folgen ihm zügig nach, denn der Spieler in der Mitte versucht ebenfalls in einen Kreis zu kommen, BEVOR ein anderer Spieler darin steht. Hat ein Spieler „seinen" Kreis verloren, geht nun er in die Mitte und versucht ebenfalls einen freien Kreis zu erhaschen.

freier Kreis

Variante:

Ein ebenfalls in **Deutschland** bekanntes Spiel heißt **„WELLENREITEN".** Dieses Spiel funktioniert wie das oben beschriebene. Es werden hier keine Kreise auf den Boden gemalt, sondern Stühle in einem Kreis gestellt. Ein Stuhl bleibt frei, dessen Spieler steht in der Mitte des Kreises. Dieser Spieler versucht nun einen freien Platz zu bekommen. Die anderen Spieler versuchen dies aber zu verhindern, indem sie ganz schnell von ihrem Stuhl aufstehen und immer einen Stuhl weiter nach rechts rücken. Das bedeutet, dass der Spieler, der links von dem freien Stuhl sitzt, beginnen muss. Alle anderen rücken der Reihe nach weiter.

Finnland
„VETTÄ KENGÄSSÄ"
(Wasser im Schuh)

Alter: ab 6 Jahren
Spieler: 2 Mannschaften
Material: –
Spieltempo: ruhig ○ ✓ ○ ○ ○ lebhaft

Spielbeschreibung:

Es gibt zwei Mannschaften. Die eine Hälfte geht aus dem Zimmer, die andere Hälfte bleibt drinnen und sitzt im Kreis. Jedes Kind draußen bildet mit einem Kind, das drinnen sitzt, ein Paar. Die Kinder drinnen dürfen die Paare wählen, die den Kindern draußen nicht bekannt sind. Wenn alle Paare gefunden sind, darf das erste Kind hereinkommen. Das Kind muss mitten in dem Kreis stehen und vor einem Kind, das im Kreis sitzt, eine Verbeugung machen und fragen: „Bist du mein Paar?" Wenn das Kind richtig geraten hat, darf es im Zimmer bleiben, setzt sich aber nicht unbedingt neben das richtige Kind. Wenn das Kind falsch geraten hat, sagt das Kind im Kreis: „Wasser im Schuh!" Dann muss man auf einem Bein zurückhüpfen. Beim Raus- und Reingehen wird stets die Tür geschlossen. Man ist wieder an der Reihe, wenn alle einmal geraten haben.

Frankreich
„CIRCLE DES MAINS"
(Tisch klopfen)

Alter: ab 6 Jahren
Spieler: 8 bis 10
Material: –
Spieltempo: ruhig ○ ○ ✓ ○ ○ lebhaft

Spielbeschreibung:

Die Kinder sitzen im Kreis um einen Tisch. Jeder hakt seine Arme in die des Nachbarn ein. Die Hände liegen mit den Handflächen nach unten parallel zum Tisch. Einer beginnt mit der Hand kurz flach auf den Tisch zu hauen und gibt damit die Richtung vor, die solange von allen weitergemacht wird, bis einer doppelt mit einer Hand auf den Tisch haut. Dies bedeutet einen Richtungswechsel.

Macht ein Spieler einen Fehler, gibt er ein Pfand ab oder scheidet aus oder erhält einen Strafpunkt.

Variante:

Das gleiche Spiel kann auch am Lagerfeuer mit verschränkten bzw. verhakten Beinen am Boden sitzend gespielt werden.

Griechenland
„TIFLPONTIKUS"
(Die blinde Mücke [Fliege])

Alter: ab 4 Jahren
Spieler: ca. 10 bis 15
Material: 1 Halstuch, 1 langes Seil
Spielform: ruhig ○ ✓ ○ ○ ○ lebhaft

Spielbeschreibung:

Das lange Seil wird zusammengeknotet und in Kreisform auf den Boden gelegt. Ein Kind (die

Mücke) bekommt die Augen mit dem Halstuch verbunden und stellt sich in die Mitte des Kreises. Alle anderen Kinder stellen sich ebenfalls in den Kreis, heben das Seil hoch und halten es mit den Händen fest. Das Seil sollte im Rücken (oberhalb des Pos) der Kinder sein. Nun dreht sich der Kreis langsam in eine Richtung. Die blinde Mücke versucht nun einen Spieler durch Fühlen zu erkennen und sagt dessen Namen. Errät die Mücke das richtige Kind, so werden die Rollen getauscht. Gelingt es nicht, das Kind zu erraten, so darf es sich ein anderes Kind aussuchen. Es kann sein, dass es dasselbe Kind noch einmal erwischt, da sich die Kinder im Kreis drehen. Spätestens nach dem dritten Versuch werden die Rollen getauscht.

Italien
„MACEDONIA"
(Obstsalat)

Alter: ab 4 Jahren
Spieler: beliebig
Material: Stühle (1 weniger als Spieler), beim Spiel im Freien können Reifen oder Bierdeckel verwendet werden
Spieltempo: ruhig ○ ○ ○ ✔ ○ lebhaft

Spielbeschreibung:

Die Spieler teilen sich in fünf möglichst gleich große Gruppen auf. Jede Gruppe ist eine Obstsorte (Äpfel – mele, Orange – arance, Ananas – ananas, Bananen – banane, Kiwi – kiwi). Ein einzelner Spieler steht in der Mitte, die Obstsorten bilden einen Stuhlkreis um ihn herum. Der einzelne Spieler möchte gerne in einer Obstsorte Platz finden. Daher fordert er jetzt zwei Sorten auf, die Plätze zu tauschen und sagt z. B.: „Äpfel zu den Kiwis" oder „Orangen zu den Ananas". Die Spieler dieser beiden Obstsorten müssen nun von ihrem Stuhl aufstehen und

sich schnell auf einen Stuhl der anderen Obstsorte setzen. Bei diesem Platzwechsel versucht er sich einen Platz in einer der beiden Obstsorten zu ergattern. Er wird dann automatisch Teil dieser Obstsorte. Gelingt ihm dies nicht, hat er noch zwei weitere Versuche. Der Spieler, der übrig geblieben ist, geht nun in die Mitte. Ruft der Mittelspieler „Macedonia" oder „Obstsalat" so tauschen alle Obstsorten ihre Plätze. Die Spieler behalten ihre Obstsorte bei.

Variante:

Statt Obstsorten können auch andere Bezeichnungen verwendet werden wie z. B. Gemüse, Tiere, Fahrzeuge, Wochentage oder Monate.

In der **Türkei** heißt dieses Spiel „**MEYVE SEPETI**" (Obstsalat). In **Portugal** ist es unter dem Namen „**SALADA MISTA**" (gemischter Salat) bekannt. Die Spielregeln sind mit dem oben beschriebenen Spiel identisch. In **Deutschland** ist dasselbe Spiel unter der Bezeichnung „**OBSTKORB**" zu finden.

Variante:

In **Kroatien** ist ein Spiel bekannt, das dem oben genannten ähnlich ist. Es heißt „**POSTA IZ … U …**", das bedeutet soviel wie: Die Post geht von … nach ….

Es werden ein Körbchen und pro Spieler eine Karte mit einem Städtenamen benötigt. Die Kinder sitzen im Stuhlkreis. Ein Kind hält das Körbchen mit den Karten in der Hand und lässt jedes Kind eine Karte ziehen. Die letzte Karte gehört ihm. Jetzt sagen die Kinder reihum den Namen ihrer Stadt, z. B. „Ich bin Prag", „Ich bin Würzburg" oder „Ich bin Zürich". Nun sammelt das Kind in der Mitte alle Karten wieder ein. Es ruft nun: „Die Post geht von Prag nach Zürich" oder „Posta iz Prag u Zürich". Die beiden „Städte" tauschen daraufhin schnell ihre Plätze, denn das mittlere Kind versucht ebenfalls einen dieser beiden Plätze zu bekommen. Gelingt es ihm, so geht das Kind, das keinen Platz erhalten hat, in die Mitte und ruft: „Die Post …“ Sind alle Städtenamen mindestens einmal aufgerufen worden, ist das Spiel zu Ende.

Italien
„ZUBLINZELN"

Alter: ab 5 Jahren
Spieler: eine ungerade Zahl Mitspieler
Material: –
Spieltempo: ruhig ⭕ ⭕ ✅ ⭕ ⭕ lebhaft

Spielbeschreibung:

Die Spieler stehen im Kreis, dabei stehen immer zwei Kinder hintereinander. Ein Kind bleibt anfangs alleine stehen. Dieses Kind blinzelt einem beliebigen Vordermann zu. Der Vordermann, dem zugeblinzelt wurde, versucht nun schnell wegzulaufen und sich hinter das Kind zu stellen, das ihm zugeblinzelt hat. Das hinten stehende Kind passt gut auf, dass sein Vordermann nicht wegrennen kann und hält ihn gegebenenfalls fest. Kann das hintere Kind das vordere nicht festhalten, ist er nun an der Reihe einem beliebigen Kind zuzublinzeln. Beim Zublinzeln müssen alle gut aufpassen!

Dieses Spiel kennen auch die Kinder in **Deutschland** unter demselben Titel **„ZUBLINZELN"**.

Korea
„AUGEN ZUHALTEN"

Alter: ab 4 Jahren
Spieler: beliebig
Material: –
Spieltempo: ruhig ⭕ ✅ ⭕ ⭕ ⭕ lebhaft

Spielbeschreibung:

Alle Spieler sitzen im Kreis. Ein Spieler ist zu Beginn der Spielleiter und hält sich beide Augen zu. Sein rechter Nachbar hält sich mit der linken Hand sein linkes Auge und sein linker Nachbar hält sich schnell mit der rechten Hand sein rechtes Auge zu. Danach nimmt der Spielleiter die Hände wieder runter und zeigt auf einen anderen Spieler im Kreis, der jetzt Spielleiter ist. Er hält sich schnell die Augen zu und seine beiden Nachbarn ebenfalls. So geht es immer weiter. Wer einen Fehler macht oder zu langsam ist, gibt ein Pfand ab oder scheidet aus.

Variante:

Dieses Spiel kann auch mit Ohren, Knie, Ellenbogen usw. zuhalten gespielt werden.

Lappland
„ATTE KATTE NUWA"
Fischerlied

Alter: ab 5 Jahren
Spieler: beliebig
Material: –
Spieltempo: ruhig ⭕ ✅ ⭕ ⭕ ⭕ lebhaft

Spielbeschreibung:

Alle Kinder sitzen in „ihren Booten" (auf einem Stuhl im Kreis). Sie sind nun Fischer und rudern bei „atte katte nuwa" übers Meer.

76

Auf dem Meer angekommen werfen sie ihre Netze aus, um sie nach einer kurzen Weile bei „hexa kolla misa wote" wieder einzuholen. Diesmal müssen die Kinder kräftig ziehen, denn sie haben viele Fische gefangen.

Text: Atte katte nuwa, atte katte nuwa, e misa de misa dulla misa de. (zweimal singen)
Hexa kolla misa wote, hexa kolla misa wote, atte katte nuwa, atte katte nuwa, e misa de misa dulla misa de.

Nigeria
„UMBURA"

Alter: ab 4 Jahre
Spieler: beliebig
Material: 1 Stock
Spieltempo: ruhig ⦿ ✔ ⦿ ⦿ ⦿ lebhaft

Spielbeschreibung:
Die Spieler stehen im Kreis. Ein Spieler hält den Stock in der Hand. Nun beginnen alle ein bestimmtes Lied zu singen, dabei wird der Stock einfach im Takt immer weiter gereicht. Wer den Stock in der Hand hält, wenn die Strophe zu Ende ist, der scheidet leider aus.
Lied: „Umbura – umbura" (Melodie beliebig)

Umbura umbura
umbura jet-su-mara,
umbura jet-su-mara,
jana -jana, jana-jana,
jana-jana, jana-na-na.

Norwegen
„BJÖRNEN SOVER"
(Der Bär schläft)

Alter: ab 5 Jahren
Spieler: ca. 8 bis 10
Material: –
Spieltempo: ruhig ⦿ ⦿ ✔ ⦿ ⦿ lebhaft

Spielbeschreibung:
Ein Spieler ist der schlafende Bär und kniet sich auf den Boden. Alle anderen Spieler laufen im Kreis um den schlafenden Bären herum. Ein Kind zupft den schlafenden Bären am Rücken, davon wacht der Bär auf, springt hoch und versucht einen Spieler zu fangen. Der „Gefangene" wird nun zum schlafenden Bär und das Spiel beginnt von vorne.

Variante:
„SPIĄCE MIŚC" heißt das Spiel des schlafenden Bären, das aus **Polen** kommt.

Alle Spieler fassen sich an den Händen und stellen sich im Kreis auf. In der Mitte des Kreises befindet sich ein Kind – der Bär. Er liegt im Kreis und schläft. Wenn er aufwacht, den Zeitpunkt bestimmt er selber, müssen die Kreisspieler so schnell wie möglich wegrennen. Hat der Bär einen Spieler gefangen, so brüllt er laut. Dann bildet sich der Kreis wieder und zwei Bären liegen nun schlafend in der Mitte. Die Bären dürfen erst dann laut brüllen, wenn sie alle einen anderen Spieler gefangen haben. So geht es weiter bis fast alle Spieler gefangen wurden. Der oder die letzten Spieler sind nun die Bären.

Variante:
Die Kreisspieler verstecken sich gut, erst danach wachen die Bären auf, suchen und fangen diese.

Norwegen
„TA DEN RING Â LA DEN VANDRE"
(Ringlein, Ringlein du musst wandern)

Alter: ab 5 Jahren
Spieler: ca. 8 bis 10
Material: 1 Ring (oder Murmel)
Spieltempo: ruhig ○✔○○○ lebhaft

Spielbeschreibung:

Ein Kind steht im Kreis, ein anderes außerhalb des Kreises. Alle anderen Kinder bilden den Kreis und halten die Hände mit den Handflächen nach oben (geöffnet) auf den Rücken. Das Kind, das außerhalb des Kreises steht, hält einen Ring (oder eine Murmel) so in seinen Händen, dass ihn keiner sieht. Er läuft nun einmal oder zweimal um den Kreis herum und alle sagen den Satz: „Ta den ring a la den vandre" oder „Ringlein, Ringlein du musst wandern", bis das Kind stehen bleibt. Das Kind tut so, als ob er jedem Spieler in die Hände den Ring legt, tatsächlich erhält aber nur ein Kind den Ring. Die Kinder im Kreis schließen die Hand hinter dem Rücken und strecken sie nun dem Kind in der Mitte zu. Dieses muss erraten wer den Ring „besitzt". Es darf dreimal raten. Hat es richtig geraten wird es zum Ringverteiler, wenn nicht tauscht es seinen Platz mit einem anderen Kind aus dem Kreis. Der vorhergehende Ringverteiler stellt sich nun zu den anderen im Kreis.

Variante:

„TALER, TALER, DU MUSST WANDERN" heißt ein ähnliches Spiel in **Deutschland**. Die Kinder singen den Text:

„Taler, Taler, du musst wandern, von dem einen Ort zum ander'n.
Oh wie schön, oh wie schön, ist's wenn Taler wandern geh'n."

Während ein Kind im Kreis herumläuft und so tut, als ob es den Taler (Münze, Ring, …) verteilen würde. Tatsächlich kann ihn aber nur ein Kind erhalten. Ist der Taler versteckt und das Lied zu Ende, dann darf der Spieler, der gerade vor dem Talerverteiler sitzt, raten, wer den Taler in den Händen hält. Der Talerverteiler passt auf, dass er nicht vor dem Spieler stehen bleibt, der den Taler hat. Rät das Kind richtig, ist es nun Talerverteiler. Hat es beim dritten Versuch den richtigen Spieler nicht erraten, so darf der Spieler mit dem Taler der Verteiler sein.

Variante:

Ein in **Russland** bekanntes Spiel hat den Titel *„KALETSCHKO"* und bedeutet soviel wie Ringlein komm heraus. Alle Mitspieler stehen (oder sitzen) im Kreis. In der Mitte steht der „Ringmeister". Dieser Spieler hat den Ring in der Hand und legt seine Hände in die ihm entgegengestreckten Hände. Dabei lässt er den Ring unbemerkt in die Hand eines beliebigen Mitspielers gleiten. Wenn er einmal im Kreis herum ist, sagt er: „Kaletschko, kaletschko, vyidi na kryletschko." („Ringlein, Ringlein, komm auf die Veranda heraus.") Der Mitspieler mit dem Ring muss nun schnell in die Kreismitte springen, ohne das die anderen ihn festhalten können. Wenn er es schafft, ist er „Ringmeister".

Variante:

In der **Türkei** heißt das Spiel *„YÜZÜK KIMDE?"* – Wer hat den Ring?

Die Kinder stehen im Kreis. Ein Spielleiter verteilt den Ring, den auch hier nur ein Kind erhalten kann, dabei wird nicht wie in der deutschen Version etwas gesungen. Ist der Ring verteilt, so geht nun der Spielleiter zu einem beliebigen Kind hin und fragt: „Yüzük kimde?" (Wer hat den Ring?) Dieses Kind nennt den Namen eines weiteren Kindes, das evtl. den Ring besitzt, „Yüzük Melis" (Melis hat ihn). Nun wird Melis gefragt: „Yüzük kimde?" Sie zeigt entweder ihre Hände vor oder sagt ebenfalls einen Namen. Wer dreimal genannt wurde, muss die Hand vorzeigen. Wer den Ring hat, geht in den Kreis und verteilt diesen neu.

Polen
„SZCZUR"
(Die Ratte)

Alter: ab 5 Jahren
Spieler: 5 bis 10
Material: 1 Springseil
Spieltempo: ruhig ○ ○ ○ ✔ ○ lebhaft

Spielbeschreibung:

Alle Spieler stehen im Kreis. Der Spielleiter steht in der Mitte und hält ein Springseil an einem Ende fest in der Hand. Das Seil ist der „Rattenschwanz" und der Holzgriff die „Ratte". Der Spielleiter dreht sich nun in der Mitte mit dem Seil in der Hand, so dass die Kinder hoch hüpfen müssen, um nicht den „Rattenschwanz" oder die „Ratte" zu berühren. Anfangs wird das Seil ganz dicht über dem Boden gedreht, nach ein bisschen Übung darf es auch etwas höher oder in Wellen geschwungen werden.

Variante:

In der *Schweiz* gibt es dasselbe Spiel, dort heißt es *„SEILGUMPEN"*.

Wer am Seil hängen bleibt, wird nun zum Spielleiter und tauscht mit dem bisherigen Spielleiter den Platz.

Bei einem Wettkampfspiel scheidet der Spieler aus, der das Seil berührt. Das letzte Kind gewinnt und ist nun Spielleiter.

Varianten:

Zwei Spieler halten das Seil an je einem Ende fest. Sie schwingen nun das Seil im Kreis, möglichst weit nach oben und passen auf, dass das Seil unten den Boden knapp berührt. Die restlichen Spieler laufen nacheinander in das Seil hinein, versuchen über das schwingende Seil zu hüpfen und gehen schnell wieder hinaus. Klappt dies gut, kann in jeder folgenden Runde einmal mehr gehüpft werden (zweimal, dann dreimal, …). Oder die Spieler tauschen mit den Kindern, die das Seil schwingen, die Plätze.

Schweiz
„LUEGED NÖD UME, DÄ FUCHS GAHT UME"
(„Dreh dich nicht um, der Fuchs geht rum")

Alter: ab 4 Jahren
Spieler: unbeschränkt
Material: 1 kleines Tuch (Taschentuch)
Spieltempo: ruhig ○ ○ ✔ ○ ○ lebhaft

Spielbeschreibung:

Die Kinder sitzen im Kreis mit den Gesichtern zur Kreismitte. Sie halten die Hände auf dem Rücken. Ein Kind spielt den Fuchs, der außen um den Kreis herum geht. Er lässt im Rücken eines beliebigen Spielers das Tuch fallen. Der sitzende Spieler, in dessen Hände das Tuch fällt, muss sofort aufstehen und versuchen den Fuchs zu fangen, bevor er den frei gewordenen Platz erreicht.

Der Begleitvers zum Spiel lautet:
„Lueged nöd ume, dä Fuchs gaht ume.
Lueget nöd zrugg, dä Fuchs gaht über d'Brugg."

Auf Hochdeutsch heißt das:
„Schau dich nicht um, der Fuchs geht herum.
Schau nicht zurück, der Fuchs geht über die Brück."

Variante:

In **Thailand** ist unter „**PLUMPSACK**" dasselbe Spiel bekannt.

Ein Kind erhält einen kleinen Sack und läuft um den Kreis herum. Dabei wird der folgende Spruch aufgesagt: „Dreht euch nicht um, der Plumpsack geht herum. Und wer sich umdreht oder lacht, der kriegt den Rücken blau gemacht." Während dieser Zeit legt das Kind den Sack irgendeinem Kind aus dem Kreis hinter den Rücken.

Variante:

Eine in **Deutschland** bekannte Version hat den Titel „**DER FUCHS GEHT UM**".

Die Kinder singen den Text:
„Der Fuchs geht um, der Fuchs geht um, und wer sich umdreht oder lacht, der kriegt den Rücken vollgemacht."

Im Verlauf des Liedes lässt der Fuchs das Tuch hinter einem beliebigen Spieler fallen. Bemerkt das Kind das Tuch, so hebt es dieses schnell auf und läuft dem Fuchs hinterher. Hat das Kind den Fuchs eingeholt, bevor er die Lücke erreicht hat, so ist der Fuchs ein weiteres Mal an der Reihe. Kann das Kind den Fuchs nicht überholen, so ist dieses in der folgenden Runde der Fuchs. Bemerkt ein Kind das hinter ihm liegende Tuch überhaupt nicht, so sagt der Fuchs zu diesem, wenn er einmal um den ganzen Kreis lief: „Eins, zwei, drei. Faules Ei." Das Kind setzt sich nun in die Mitte des Kreises und wartet, bis es von einem anderen Kind („faulem Ei") abgelöst wird. Es kann auf das in der Mitte Sitzen auch komplett verzichtet werden, da häufig ein Kind mehrere Runden dort sitzen muss und dies nicht sehr angenehm ist. Es gibt zwei Möglichkeiten, entweder das Kind gibt ein Pfand ab oder tauscht nun mit dem Fuchs die Rollen.

Variante:

In **Italien** geht nicht der Fuchs, sondern „**IL PUNGIGLIONE**" – der Messerstecher um. Dabei wird kein Tuch fallen gelassen, sondern einem beliebigen Kind auf den Rücken geklopft. Dieses Kind läuft dann in die entgegengesetzte Richtung und versucht so schnell wie möglich den freien Platz einzunehmen.

Schweiz
„RINGEL, RINGEL, REIHE"

Alter: ab 2 Jahren
Spieler: beliebig
Material: –
Spieltempo: ruhig ○✔ ○ ○ ○ lebhaft

Spielbeschreibung:

Alls Kinder stehen im Kreis und halten sich an den Händen fest. Sie laufen im Kreis und singen folgenden Text:

„Ringel, ringel, reihe
d'Meitli gönd id Maie,
und Buebe gönd id Haselnuss,
und ali mached husch, husch, husch."
Bei husch, husch, husch gehen alle zusammen in die Knie.

Variante:

Eine Spielversion kommt aus **Deutschland** und heißt ebenfalls „**RINGEL, RINGEL, REIHE**".

„Ringel, Ringel, Reihe, wir sind der Kinder dreie.
Wir sitzen unterm Holderbusch und rufen alle: Husch, husch, husch!"

„Ringel, Ringel, Rosen, die schönsten Aprikosen,
Veilchen und Vergissmeinnicht, alle Kinder setzen sich.
Guten Tag, Mama, guten Tag, Papa, Liesele, Liesele hopsasa".
Kinder geben Erwachsenen die Hand, bei hopsasa werden die Kinder hochgehoben.

„Ringel, Ringel Ratze, wir spielen mit der Katze.
Kommt ein großer Hund gelaufen, wirft die Kinder übern Haufen."
Alle Kinder werden in der Mitte übereinander gelegt.

Variante:

In *Italien* ist *„GIRO GIROTONDO"* weit verbreitet.

Text: „Giro girotondo, Casca il mondo.
Casca la terra, tutti giu per terra."
Ringel, ringelreihe, es fällt die Welt.
Es fällt die Erde, alle runter auf den Boden.

Am Ende liegen oder sitzen alle Kinder auf dem Boden. Der gleicht Text wird mehrmals hintereinander wiederholt.

Variante:

In *Griechenland* heißt das Spiel *„JIRO, JIRO OLI"* und bedeutet: Alle ringsherum.

Variante:

Ein Ringelreihe-Spiel aus *Spanien* heißt *„A LA RUEDA DE LA PATATA"* und bedeutet soviel wie „Rund um die Kartoffel".

Text: „A la rueda de la patata
    Comeremos ensalada,
    lo que comen los senores
    naranjitas y limones.

    I Alupe, alupe,
    sentadita me quede!"

Rund um die Kartoffel
Essen wir Salat,
Wir essen wie die Herrschaften
Orangen und Zitronen.

In die Hocke, in die Hocke,
Ich bleib sitzen.

Spielbeschreibung:

Die Spieler gehen im Kreis, singen und halten sich dabei an den Händen. Die letzten zwei Zeilen werden gesprochen, nicht gesungen.
    Folgende Bewegungen machen die Spieler dazu:

I A	–	lu	–	pe,
Schritt		*Schritt*		*Hocke*

a	–	lu	–	pe,
Schritt		*Schritt*		*Hocke*

Sen	–	ta	–	di	–	ta
Schritt		*Schritt*		*Schritt*		*Schritt*

me	que	–	de!
Schritt	*Schritt*		*Hocke*

Spanien
„JUGAR A LAS PRENDAS"
(Überraschungsmission)

Alter: ab 6 Jahre
Spieler: ab 5
Material: kleine persönliche Gegenstände
Spieltempo: ruhig ⚪✔⚪⚪⚪ lebhaft

Spielbeschreibung:

Ein Spieler übernimmt die Rolle des Spielleiters und ein anderer die Rolle des Erfinders der Missionen.
    Die restlichen Spieler setzen sich um den Spielleiter. Der Erfinder der Missionen setzt sich in die Mitte des Kreises mit dem Rücken zum Spielleiter. Alle Spieler geben etwas Persönliches beim Spielleiter ab (z. B. Ring, Spiel-

zeug, Haarspange etc.). Wichtig ist, dass jeder Spieler weiß, was ihm gehört. Der Spielleiter zieht aus dem Haufen ein Objekt heraus und fragt laut: Was muss der Besitzer dieses Gegenstandes tun? Der Erfinder der Missionen darf nicht sehen, was der Spielchef in der Hand hält und niemand darf Zeichen machen, wem es gehört. Also sagt der Erfinder, was der Besitzer tun soll, z. B. tanzen, singen, Kopfstand, Pantomime, rennen, einen Witz erzählen, jemanden nachahmen etc. Je nach Alter der Spieler kann man das Spiel so verändern, dass der Besitzer des Gegenstandes zwischen Wahrheit oder Mission entscheiden kann.

Türkei
„HACIYATMAZ"
(Stehaufmännchen)

Alter: ab 4 Jahren
Spieler: beliebig
Material: 1 ca. 1,50 m langer Stock
Spieltempo: ruhig ○ ○ ✔ ○ ○ lebhaft

Spielbeschreibung:

Ein Kind steht in der Mitte eines Kreises und hält einen Stock senkrecht in der Hand. Alle anderen Kinder sitzen im Kreis auf dem Boden. Das Kind in der Mitte ruft nun einen Namen und lässt sofort den Stock los. Das gerufene Kind steht so schnell wie möglich auf und versucht den Stock zu erwischen, bevor dieser auf den Boden fällt. Schafft er dies, so hält er nun den Stock und ruft einen anderen Namen. Schafft er es allerdings nicht, so muss er eine Aufgabe erfüllen, z. B. einmal um den Kreis laufen oder quaken wie ein Frosch.

USA
„STÄBCHENSPIEL"

Alter: ab 6 Jahren
Spieler: mind. 4 bis 10
Material: ein paar Zahnstocher oder kleine dünne Ästchen (Stäbchen)
Spieltempo: ruhig ○ ✔ ○ ○ ○ lebhaft

Spielbeschreibung:

Die Spieler teilen sich in zwei Mannschaften auf. Jede Mannschaft erhält ein paar Stäbchen. Die Spieler einer Mannschaft stehen nun im Kreis und reichen sich die Stäbchen zu, dabei halten sie ihre Hände so geschickt, dass die anderen Spieler die Stäbchen nicht sehen können. Die gegnerische Mannschaft muss am Schluss erraten, welche(r) Spieler die Stäbchen in der Hand hält. Danach ist die andere Mannschaft an der Reihe, um sich die Stäbchen zu zu reichen.

Taktik- und Knobelspiele

Häufig werden diese Spiele zum bloßen Zeitvertreib und vor allem wegen des Spaßes gespielt. Bei vielen aber steht noch mehr Positives auf dem Programm. So werden hier vor allem das Erinnerungsvermögen trainiert, Strategien entwickelt und logisches Denken gefördert. Hier heißt es aufgepasst und nachgedacht. In dieser Kategorie gibt es kein Spiel, das ohne Material spielbar ist. Die Materialien sind jedoch meist schnell bei der Hand. Ein paar Steinchen oder Stöckchen lassen sich überall finden. Ersatzweise können ja auch andere Dinge, wie Muscheln, Bohnen, Murmeln usw., verwendet werden. In vielen Ländern haben die Kinder keine großen Schachteln mit richtigen Spielbrettern und passendem Zubehör. Die Kinder buddeln Löcher/Mulden in den Boden oder Sand oder malen ein paar Kreise oder das Spielbrett mithilfe von Kreide oder Steinen auf den Boden. Die Spiele sind meist recht kurzweilig und belehren nicht. Auch nach wiederholtem Male lassen sich die Spiele noch gut spielen, da es sehr viele Spielzüge und Variationen gibt. Die Dauer der Spiele lässt sich meist schwer vorhersagen, da sie von verschiedenen Faktoren abhängt: Spielt ein oder etwa beide Spieler das Spiel zum ersten Mal, können sich die Spieler gut konzentrieren oder werden sie öfter abgelenkt? Aus diesen Gründen sind hier und bei den anderen Spielformen keine Angaben über die Dauer eines Spieles gemacht worden. Ausdauer und Durchhaltevermögen sind wichtige Aspekte, die von den Spielern beim Spielen der Taktik- und Knobelspiele gefordert werden. Meistens spielen zwei Spieler gegeneinander, bei einigen Spielen ist es auch möglich in zwei (kleineren) Mannschaften zu spielen.

Afrika
„BAO"

Alter: ab 8 Jahren
Spieler: 2
Material: 2 Bretter mit je 16 Löchern
(oder Mulden im Boden), pro Loch 2 Steine
(Bohnen, Murmeln, …)
Spieltempo: ruhig ✔ ◯ ◯ ◯ ◯ lebhaft

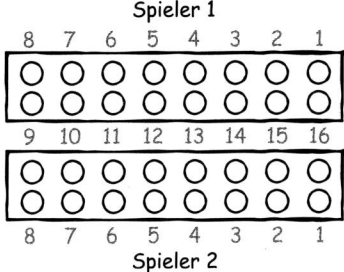

Spieler 1

Spieler 2

Spielbeschreibung:

Jeder Spieler hat ein Spielbrett. Die Spielbretter
liegen mit den Längsseiten aneinander. Für
die Skizze haben wir die Löcher nummeriert.
Der erste Spieler beginnt und nimmt alle Steine aus einem beliebigen Loch seines Brettes,
z. B. Nr. 10 heraus und verteilt sie in Loch 11
und 12. Dann nimmt er die Steine aus dem
Loch heraus, in das der letzte Stein fiel (Nr. 12)
und verteilt sie erneut weiter. Dabei wird reihum in jedes folgende Loch nur ein Stein abge-
legt. Der Zug des ersten Spielers ist erst dann
zu Ende, wenn der letzte Stein in ein leeres
Loch fällt. Sollte dies in der Reihe mit den
Löchern der Nummern 1 bis 8 der Fall sein,
darf er alle Steine der gegenüberliegenden Löcher an sich nehmen und legt diese neben das
Spielbrett. Wenn der Zug allerdings bei 9 bis
16 endet ist der nächste Spieler an der Reihe
und er erhält keinen zusätzlichen Stein. Der
zweite Spieler verfährt genauso. Es gibt zwei
Regeln, die zu beachten sind: 1. Ist ein Loch in
der mittleren Reihe des Mitspielers leer, kann
kein Stein genommen werden, auch nicht aus
einem anderen Loch. 2. Es darf nicht mit
einem einzelnen Stein gespielt werden, solange es noch Löcher mit mehreren Steinen gibt.

Afrika
„MANCALLA"

Alter: ab 6 Jahren
Spieler: 2
Material: 1 Spielfeld mit 6, 10 oder 12
Löchern, pro Loch 4 kleine Steine (Bohnen,
Muscheln, …)
Spieltempo: ruhig ✔ ◯ ◯ ◯ ◯ lebhaft

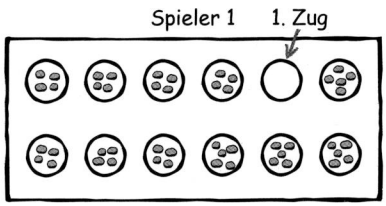

Spieler 1   1. Zug

Spieler 2

Spielbeschreibung:

Das Spielbrett liegt in der Mitte zwischen den
beiden Spielern. Es werden in jedes Loch vier
Spielsteine gelegt. Nun beginnt der erste Spieler. Dieser sucht sich ein beliebiges Loch auf
seiner Seite und nimmt alle vier Spielsteine
heraus und verteilt sie im Uhrzeigersinn. Dabei wird in jedes folgende Loch nur ein Stein
dazu gelegt. Die Anzahl der Spielsteine in den
Löchern verändert sich dabei ständig. Es kann
sein, dass sich in einem Loch keine und im
anderen Loch dafür sieben Steine befinden.
Fällt der letzte Stein eines Spielers in ein Loch
mit nur einem Stein, so erhält er beide Steine
dieses Loches. Er nimmt sich die Spielsteine
aus dem Loch und sammelt sie neben dem
Spielbrett. Die Spieler sind abwechselnd an der
Reihe. Es wird solange gespielt, bis alle Steine
gewonnen wurden oder bis keine Gewinne
mehr erzielt werden können.

Varianten:

* Kann in Mannschaften gespielt werden.
* Kann sowohl im Eierkarton, als auch im Sandkasten oder auf einem Holzbrett gespielt werden.

Ghana
„ADI"

(Schatzkammer [Samen des Adi Busches])

Alter: ab 6 Jahren
Spieler: 2
Material: etwas Kreide, 48 kleine Steinchen (oder Nüsse, Bohnen, Samen, Kerne)
Spieltempo: ruhig ✔ ◯ ◯ ◯ ◯ lebhaft

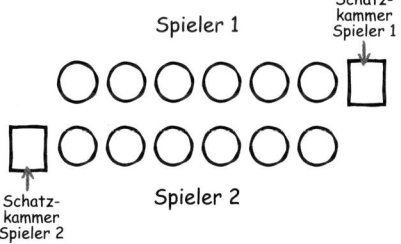

Spieler 1   Schatz-kammer Spieler 1

Schatz-kammer Spieler 2   Spieler 2

Spielbeschreibung:

Zuerst werden zwei Reihen mit je sechs Kreisen (Häuser) und zwei Vierecke (Schatzkammer) auf den Boden gemalt. Ihr könnt dies aber auch auf einen festen Pappkarton malen und so immer wieder verwenden. Vor Beginn des eigentlichen Spieles werden in jedes Haus je vier Steine gelegt. Die Schatzkammern bleiben leer. Ein Spieler beginnt nun alle Steine eines beliebigen Hauses seiner Seite in die Hand zu nehmen. Er verteilt sie entgegen des Uhrzeigersinns, d. h. er beginnt immer rechts vom geleerten Haus. Fällt der letzte Stein in ein Haus, indem noch Steine sind, so nimmt er alle in die Hand und verteilt diese wie vorher beschrieben. Fällt der letzte Stein in ein Haus, indem bereits drei liegen, er also auf

vier ergänzt, so darf er alle vier Steine in seine Schatzkammer legen. Die Spieler können solange spielen, bis der letzte Stein in ein leeres Haus fällt oder er vier Steine in die Schatzkammer legen kann. Dann kommt der zweite Spieler an die Reihe und sucht sich ein beliebiges Haus aus, nimmt die Steine in die Hand und verteilt sie wie der andere Spieler. Beide Spieler achten darauf, dass möglichst keine Dreiergruppen in den Häusern gebildet werden. Wer zuerst 24 Steine in seiner Schatzkammer gesammelt hat, ist Sieger.

Kenia
„ENDE"

Alter: ab 5 Jahren
Spieler: 2
Material: 3 Steine, etwas Kreide
Spieltempo: ruhig ✔ ◯ ◯ ◯ ◯ lebhaft

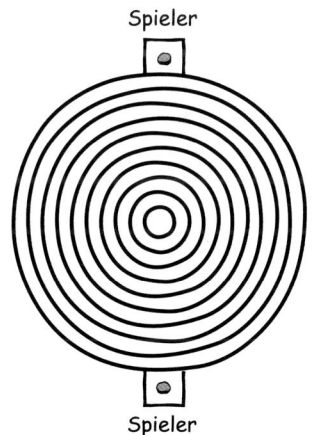

Spieler

Spieler

Spielbeschreibung:

In den Sand oder auf den Boden werden acht bis zehn Kreise gemalt. Der kleinste Kreis hat einen Durchmesser von ca. 10 cm. Jeder weitere Kreis wird ca. 2–3 cm größer und genau um den kleineren herum gemalt. Die Spieler setzen sich nun gegenüber und malen auf ihre Seite, an den äußersten Kreis ein kleines Viereck. Das ist das Startfeld und dort wird auch je ein Stein hineingelegt. Nun beginnt der erste Spieler und nimmt einen weiteren (den 3.) Stein in die Hand. Er versteckt hinter seinem Rücken den Stein entweder in der rechten oder linken Hand. Dann streckt er seine Fäuste dem Mitspieler entgegen. Der Mitspieler muss nun raten, in welcher Hand der Stein versteckt ist. Hat er richtig geraten, so darf er seinen Stein aus dem Startfeld nehmen, er legt ihn auf den äußersten Kreis und ist nochmals mit Raten an der Reihe. Er darf in jeder Runde seinen Stein einen Kreis weiter nach innen legen, sofern er richtig geraten hat. Hat er auf die falsche Hand getippt, bleibt sein Stein liegen und nun muss er den Stein in seiner Hand verstecken. Die Spieler können solange raten, bis sie die falsche Antwort geben. Der Spieler, der seinen Stein zuerst in die Mitte legen kann, gewinnt.

Lesotho
„DITHWAI"
(Viehmarkt)

Alter: ab 5 Jahren
Spieler: bis 8
Material: pro Spieler 10 Steinchen (oder andere Gegenstände) und Sand (oder eine flache Schale pro Spieler)
Spieltempo: ruhig ⭕✔⭕⭕⭕ lebhaft

Spielbeschreibung:
Jedes Kind buddelt im Sand eine kleine Mulde (Viehweide) von etwa 20 cm Länge und Breite, ca. 2–3 cm tief. Alle Spieler legen in ihre Mulde nun zehn Steine (oder andere Dinge). Der erste Spieler schaut sich nun ganz genau seine „Vieh-Herde" an und spricht: „Ich prüfe mein Vieh." Die anderen Kinder antworten: „Hast du es dir gut angesehen?" Nun hält sich der

erste Spieler die Augen zu oder dreht sich um, während die anderen Spieler sich je einen Stein herausnehmen und in ihre Mulde legen. Jetzt macht der Spieler die Augen wieder auf und versucht seine weggenommenen Steine (Vieh) wieder zu erkennen und sich zurückzuholen. Gelingt es ihm, einen Stein richtig zu erkennen, erhält er diesen wieder zurück, schafft er es nicht, hat er ihn verloren. Danach ist der nächste Spieler an der Reihe sein Vieh zu prüfen. Der Spieler, der sein Vieh am besten prüft und wieder erkennt, sprich die meisten Steine besitzt, ist Sieger.

Liberia
„DER STEIN DER WEISEN"

Alter: ab 8 Jahren
Spieler: mind. 2
Material: 16 Steine mit Nummern von 1 bis 16
Spieltempo: ruhig ✔⭕⭕⭕⭕ lebhaft

Spielbeschreibung:
Die Spieler legen die 16 Steine in zwei Reihen, also je acht in eine Reihe. Dann dreht sich ein Spieler um und die anderen bestimmen einen Stein, der erraten werden soll. Insgesamt darf der Ratende viermal fragen: „In welcher Reihe liegt der Stein?" und erhält darauf die richtige Antwort. Er kann die Steine nach einem bestimmten System umsortieren, um so an die richtige Lösung zu kommen. Wer den Stein richtig rät, bekommt einen Punkt, danach wird gewechselt. Wer die meisten Punkte hat, ist Sieger.

Beispiel: Der gesuchte Stein ist Nr. 4. In der oberen Reihe liegen die Steine 1–8 in der unteren die Steine 9–16. Frage wie oben – Antwort: „In der oberen." Er weiß nun, dass der gesuchte Stein die Zahl 1 bis 8 hat. Nun vertauscht der Spieler die ungeraden Steine der

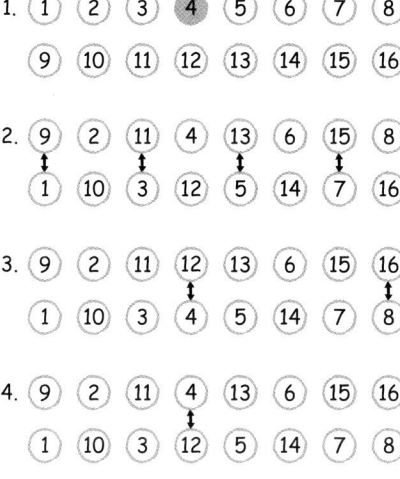

1. ① ② ③ ④ ⑤ ⑥ ⑦ ⑧
   ⑨ ⑩ ⑪ ⑫ ⑬ ⑭ ⑮ ⑯

2. ⑨ ② ⑪ ④ ⑬ ⑥ ⑮ ⑧
   ① ⑩ ③ ⑫ ⑤ ⑭ ⑦ ⑯

3. ⑨ ② ⑪ ⑫ ⑬ ⑥ ⑮ ⑯
   ① ⑩ ③ ④ ⑤ ⑭ ⑦ ⑤

4. ⑨ ② ⑪ ④ ⑬ ⑥ ⑮ ⑯
   ① ⑩ ③ ⑫ ⑤ ⑭ ⑦ ⑧

↕ = ausgetauscht

oberen Reihe mit denen der unteren. Frage wie oben – Antwort: „In der oberen." Jetzt weiß er zudem, dass die Zahl gerade sein muss. Er vertauscht nun die Zahlen der oberen Reihe, die durch vier teilbar sind, mit der unteren. Jetzt liegen die zwei und sechs oben, die vier und acht unten. Frage wie oben – Antwort: „In der unteren." Der Stein kann nun nur noch 4 oder 8 sein. Also tauscht er die 4 gegen die 12. Frage wie oben – Antwort: „In der oberen." Der gesuchte Stein kann nur noch die Nummer 4 sein. Die Antwort ist richtig.

Variante:

Für die Älteren werden die Zahlen durcheinander hingelegt, die Zahlen können auch auf Papierschnipsel geschrieben werden.

Nordamerika „MOKASSINSPIEL"

Alter: ab 4 Jahren
Spieler: höchstens 20
Material: 4 Mokassins oder Schuhe, die hinten offen sind (Pantoffeln, Clocks, …), 3 kleine und 1 größerer Stein, 1 Stab, pro Spieler 2 Spielmarken (Bohnen, Nüsse, Murmeln, …)
Spieltempo: ruhig ○✓○○○ lebhaft

Spielbeschreibung:

Dies ist ein altes indianisches Kinderspiel. Die Kinder teilen sich in zwei gleich große Gruppen auf. Die Spieler einer Gruppe setzen sich nebeneinander in eine Reihe. Die andere Gruppe sitzt gegenüber. Jeder Spieler hat somit einen anderen Mitspieler gegenübersitzen. Beide Gruppen erhalten zu Beginn des Spieles doppelt so viele Spielmarken wie es Mitspieler sind. Der Anfangsspieler der ersten Gruppe legt die vier Mokassins vor sich auf den Boden. Das gegenübersitzende Kind dreht sich um oder hält sich die Augen zu. Jetzt versteckt der Anfangsspieler unter jedem Mokassin einen Stein. Das andere Kind dreht sich um und versucht zu erraten, unter welchem Schuh der große Stein liegt. Dazu nimmt es den Stab und dreht zwei der vier Mokassins um. Gelingt es ihm die richtigen Schuhe zu erraten, kommt der nächste Spieler der gleichen Gruppe an die Reihe. Findet er den größeren Stein nicht, gibt die Gruppe eine Spielmarke ab und die andere Gruppe ist nun mit Raten an der Reihe. Die Gruppe mit den meisten Spielmarken ist am Ende Sieger.

Obervolta
„YOTE"

Alter: ab 6 bzw. 8 Jahren
Spieler: 2
Material: 12 Steinchen und 12 Stöckchen, evtl. etwas Kreide
Spieltempo: ruhig ◯✔◯◯◯ lebhaft

Spielbeschreibung:

Als Erstes werden in den Boden oder Sand fünf mal sechs Löcher gebuddelt. Wahlweise dazu könnt ihr auch mit Kreide fünf Reihen mit je sechs Kreisen auf den Boden malen. Ein Spieler erhält die zwölf Steinchen, der andere die zwölf Stöckchen. Hauptziel ist es, dem Gegner seine Spielsteine wegzunehmen.

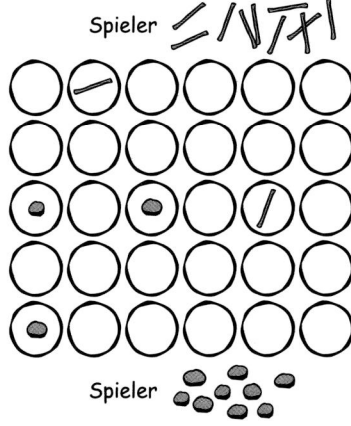

Die Spieler legen abwechselnd je einen ihrer Gegenstände in ein freies Loch. Die Spieler können entweder einen neuen Spielstein setzen, einen bereits gesetzten in ein anderes leeres Loch verschieben, aber nur in gerader Linie, also nach oben oder unten oder zur Seite, oder einen gegnerischen Spielstein überhüpfen. Dies geschieht indem man mit einem eigenen Spielstein den Gegner in gerader Linie, nach oben oder unten oder seitlich, aber niemals diagonal überspringt. Der über-

sprungene Spielstein muss direkt neben dem eigenen Spielstein liegen, dahinter muss ein leeres Loch sein. Die übersprungenen Spielsteine oder Stöckchen werden vom „Spielbrett" genommen. Es können auch in einem Zug mehrere gegnerische Stücke entfernt werden. Noch ein paar Tipps: Es wird von Anfang an versucht, die gegnerischen Teile zu überspringen und zu entfernen. Ein paar eigene Spielsteine für später aufzuheben ist sinnvoll, diese können im weiteren Spielverlauf gut gebraucht werden. Das Spiel ist unentschieden, wenn beide Spieler nur noch drei Spielsteine auf dem „Brett" haben.

Im **Senegal** ist das gleiche Spiel, sogar unter gleicher Bezeichnung **„YOTÉ"**, bekannt.

Polen
„LIS I GENŚI"
(FUCHS UND GÄNSE)

Alter: ab 6 Jahren
Spieler: 2
Material: 17 gleiche Spielfiguren, 1 andersfarbige Figur (Murmeln, Steine; Bohnen, …)
Spieltempo: ruhig ✔◯◯◯◯ lebhaft

Spielbeschreibung:

Die Spielfiguren werden wie in der Skizze abgebildet auf dem Spielfeld (Brett, Sand, Kreidekreise, …) aufgestellt. Die einzelne Spielfigur ist der Fuchs, die anderen sind die Gänse. Der Fuchs kann in alle Richtungen vorwärts, rückwärts, seitwärts und diagonal ziehen, die Gänse dürfen nur vorwärts und seitwärts ziehen. Der Fuchs beginnt und zieht ein Feld weiter. Er kann die Gänse nur durch Überspringen in ein freies Loch schlagen. Kann er mehrere Gänse in einem Zug schlagen, müssen dazwischen jeweils leere Löcher sein. Die geschlagenen Gänse werden vom Brett genommen und können nicht wieder eingesetzt werden. Der Fuchs gewinnt das Spiel, wenn er mindestens 12 der 17 Gänse geschlagen hat. Die Gänse haben gewonnen, wenn sie den Fuchs so einschließen können, dass er nicht mehr ziehen kann.

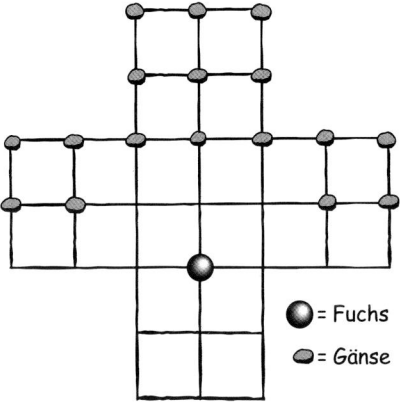

● = Fuchs
◓ = Gänse

Sri Lanka
„NERENCHI"

Alter: ab 6 Jahren
Spieler: 2
Material: 1 Spielplan, je 12 helle und dunkle Spielsteine (Steine, Stöckchen, Blätter, …)
Spieltempo: ruhig ✔ ○ ○ ○ ○ lebhaft

Spielbeschreibung:

Nerenchi ist ein Spiel, das unserem Mühlespiel sehr ähnlich ist. Bei Nerenchi versucht man immer drei Steine in einer Farbe in gerader Linie zusammenzubringen, seitlich, übereinander und auch diagonal.

Das Spielfeld, siehe Skizze, wird entweder auf ein Papier oder auf den Boden gemalt. Die Größe richtet sich nach den Spielfiguren. Ein Spieler nimmt die hellen, der andere die dunklen Spielfiguren. Nun setzen die Spieler abwechselnd je einen ihrer Spielfiguren auf

einen freien Kreuzungspunkt. Das sind die Punkte, wo zwei oder drei Linien zusammentreffen. Die Spieler versuchen sich gegenseitig an der Bildung eines Nerenchi zu hindern und machen möglichst selber eines. Ist es einem Spieler gelungen, ein Nerenchi zu bilden, darf er sich eine Spielfigur des Gegners aussuchen, nur nicht aus einem vollständigen Nerenchi. Die entfernten Figuren werden nicht wieder eingesetzt. Sind alle 24 Spielsteine gesetzt, können sie von einen zum anderen Kreuzungspunkt gesetzt werden. Wird in einer Runde ein Nerenchi geöffnet und in einer anderen wieder geschlossen, darf erneut ein gegnerischer Stein entfernt werden. Sind beide Spieler so blockiert, dass sie nicht mehr ziehen können oder hat ein Spieler nur noch zwei Steine auf dem Feld, so kann er kein Nerenchi mehr bilden und das Spiel ist zu Ende.

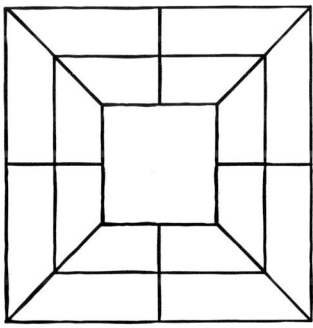

Variante:

Eine Version des Nerenchi ist in **Ceylon** bekannt und hat keinen eigenen Namen, es ist das **„CEYLONESISCHE MÜHLSPIEL".** Es wird im Prinzip wie in Sri Lanka gespielt. Beim Einsetzen der Spielsteine können Nerenchis/Mühlen gebildet werden, jedoch wird hier kein gegnerischer Stein entfernt, sondern der Spieler erhält einen zusätzlichen Spielzug. Sind alle Steine im Spiel und schafft ein Spieler ein Nerenchi oder eine Mühle, so entfernt er einen gegnerischen Stein und darf noch einmal mit einem Stein ziehen.

Variante:

In **Deutschland** heißt ein ähnliches Spiel „MÜHLE". Es wird auf einem Spielbrett mit 2x neun Steinen einer Farbe gespielt. Die Steine werden zu Beginn abwechselnd auf die Schnittpunkte des Spielbrettes gelegt. Hat ein Spieler drei Steine in eine Reihe legen können, so hat er eine Mühle. Das bedeutet, dass er dem Gegenspieler einen beliebigen Stein vom Brett entfernen kann. Ausnahme sind Steine, die zu einer geschlossenen Mühle gehören. Sind alle Steine gesetzt, so ziehen die Spieler abwechselnd einen Stein bis zum nächsten Kreuzungspunkt. Bei jeder neuen Mühle darf ein gegnerischer Stein entfernt werden. Hat ein Spieler nur noch drei Steine, so darf mit einem seiner Steine auf einen freien Schnittpunkt hüpfen. Hat ein Spieler nur noch zwei Steine, ist das Spiel für ihn verloren.

Variante:

„KWASIDA FRANKAA" (afrikanische Mühle) kommt aus **Ghana**. Es ist eine einfachere Version des Mühlespieles. Das Spielbrett (siehe Skizze) wird mit einem Stöckchen in den Boden geritzt oder mit Kreide auf den Boden gemalt. Jeder Spieler erhält 3 Steine eigener Farbe. Die Spieler setzen abwechselnd je einen Stein, bis alle Steine im Spielfeld liegen. Danach werden die Steine um je ein freies Feld weitergezogen. Es dürfen keine Steine übersprungen oder über ein leeres Feld hinweggezogen werden. Wer seine 3 Steine in einer Reihe hat, ist Sieger.

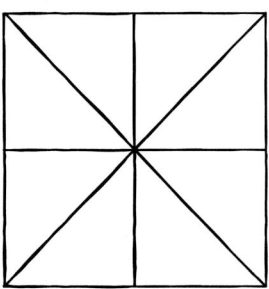

In **Kamerun** gibt es das gleiche Spiel. Dort heißt es das „VIER-ECKEN-SPIEL".

Diese Spiel ist auch in **Kenia** unter dem Titel „MTI" bekannt.

Syrien
„NIM"

Alter: ab 5 Jahren
Spieler: 2
Material: ca. 24 Streichhölzer
Spieltempo: ruhig 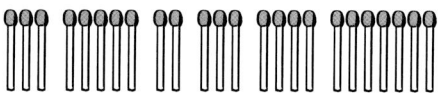 lebhaft

Spielbeschreibung:

Die Streichhölzer werden in sechs verschieden große Gruppen in einer Reihe gelegt. Die oben abgebildete Möglichkeit ist nur eine von vielen. Die Spieler nehmen nun abwechselnd einen beliebigen ganzen Teil oder nur einzelne Streichhölzer eines Teiles weg, aber nicht mehrere Teile. Das Spiel endet, wenn alle Streichhölzer weg sind. Wer das Letzte nehmen muss, hat verloren.

Variante:

Im Spielverlauf ist es möglich, eines der vorhandenen Teile nochmals zu teilen, anstatt Streichhölzer weg zu nehmen. Dabei muss vorher ausgemacht werden, ob Teile mit gerader oder ungerader Stückzahl getrennt werden dürfen.

Tansania
„TARUMBETA"

Alter: ab 8 Jahren
Spieler: 4
Material: 45 gleiche Gegenstände, z. B. Steinchen, Bohnen, Blätter, Stöckchen, ...
Spieltempo: ruhig ✔ ◯ ◯ ◯ ◯ lebhaft

Spielbeschreibung:

Die 45 Gegenstände, meist werden Bohnen verwendet, werden in Form eines Dreieckes auf den Boden gelegt. In der ersten Reihe liegt eine Bohne, in der zweiten zwei usw. bis in der letzten, der neunten Reihe neun Bohnen liegen. Dieses Spiel wird immer von vier Kindern gespielt. Der „Boss" sitzt an der Spitze des Dreiecks, auf der gegenüberliegenden Seite sitzt der „Herausforderer" mit dem Rücken zum Dreieck. An jeder Seite befindet sich ebenfalls je ein Spieler, diese nehmen abwechselnd die Bohnen weg. Sie fangen mit der untersten, der 9. Reihe, an und gehen nach und nach weiter hoch, bis alle Reihen schließlich weg sind. Die Bohnen werden immer von außen nach innen weggenommen, die beiden mittleren Spieler nehmen die ihnen am nächsten liegenden Bohnen weg. Bei jeder Bohne, die weggenommen wird, klatscht der „Boss" oder auch Schiedsrichter in die Hände. Der Herausforderer sagt dann immer die Nummer der Bohne, die eben weggenommen wurde ohne sich dabei umzudrehen. Er darf aber nie etwas sagen, wenn die erste Bohne aus einer Reihe entfernt wurde. Dies hört sich zunächst kompliziert an, was es aber gar nicht ist. Der Herausforderer muss sich allerdings sehr konzentrieren.

Hier nun ein Beispiel (siehe auch Skizze): Der linke Spieler nimmt die erste Bohne weg, der Boss klatscht – der Herausforderer sagt nichts. Der rechte Spieler nimmt nun Bohne

Nr. 9 weg, der Boss klatscht – jetzt sagt der Herausforderer „Neun". Der linke Spieler nimmt nun Nr. 2 – klatschen – Herausforderer ruft „zwei" usw. bis die unterste Reihe ganz leer ist. Danach wird wieder die erste Bohne (10) diesmal der 8. Reihe entfernt, der Boss klatscht – der Herausforder bleibt still. Er ruft dann die folgenden Zahlen 17, 11, 16, 12, 15, 13, 14. So geht es immer weiter bis alle Bohnen weg sind. Bei der letzten Bohne ruft der Herausforderer 45. Das Spiel ist beendet und der Schiedsrichter gibt evtl. Fehler bekannt. Danach wird gewechselt.

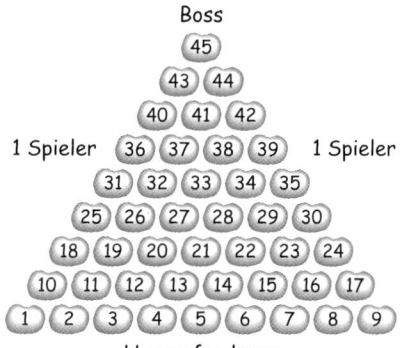

Variante:

Dieses Spiel können auch jüngere Kinder spielen, sie fangen allerdings erst mit 10 Gegenständen, also nur mit vier Reihen an. Danach kann auf 21 und später auf 45 Dinge gesteigert werden.

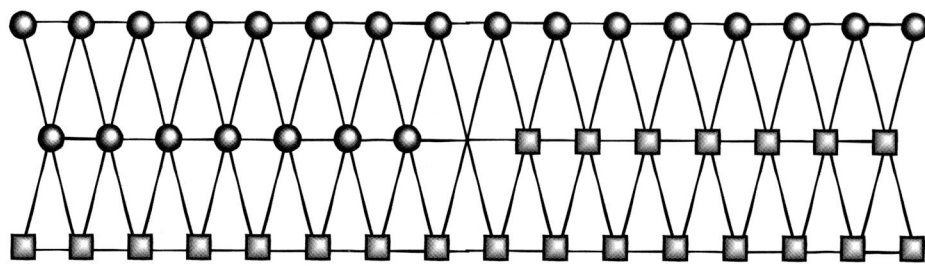

USA
„DIE KÄMPFENDEN SCHLANGEN"

Alter: ab 6 Jahren
Spieler: 2
Material: je 23 Spielsteine in 2 verschiedenen Farben, 1 Spielbrett (oder Mulden im Boden)
Spieltempo: ruhig ✔ ⭘ ⭘ ⭘ ⭘ ⭘ lebhaft

Spielbeschreibung:

Dieses Indianerspiel ist ursprünglich dem Gott der Schlangen gewidmet worden. Die Spielfiguren werden wie in der Skizze auf das Spielbrett gelegt. Der mittlere Kreuzungspunkt bleibt frei. Der erste Spieler muss mit einem seiner Steine auf den freien Kreuzungspunkt ziehen. Der zweite Spieler überspringt nun mit einem seiner Steine den Stein des Gegenspielers. Die beiden Spieler ziehen abwechselnd. Dabei darf nur von einem auf den nächsten freien Platz gezogen werden. Falls es möglich ist, wird ein gegnerischer Stein übersprungen, der herausgenommen und nicht wieder eingesetzt werden kann. Es können auch mehrere gegnerische Steine in Folge übersprungen werden, sofern zwischen den übersprungenen Spielsteinen je ein freier Platz ist. Das Spiel ist beendet, wenn ein Mitspieler alle Spielsteine verloren hat.

Variante:

Es können herausgeworfene Spielsteine wieder gewonnen werden, indem man zwei oder mehr gegnerische Spielsteine in einem Zug überspringen kann. Dieser wird auf einem beliebigen Platz eingesetzt.

Fantasiespiele

Bei den Fantasie- und pantomimischen Spielen sind alle Spieler gefragt, die sich gerne in andere Personen und somit in andere Rollen hineinversetzen. Das Spiel lebt von den vielfältigsten Einfällen und Ideen seiner Spieler. Das Spiel verläuft bei jedem weiteren Versuch ein wenig anders. Der sprachliche Aspekt ist bei einigen Spielen im Vordergrund, bei anderen eher die künstlerische Note, bei anderen das Erinnerungsvermögen. Die Gruppe der Wahrnehmungsspiele ist sehr vielfältig. So kann das Sehen, das Hören, das Erkennen, das Ertasten oder das Erinnern an bestimmte Gegenstände oder Abläufe im Vordergrund stehen. Manchmal kommen auch mehrere Sinne in einem Spiel vor. Hier werden vor allem Spieler gebraucht, die alle Sinne beisammen haben oder diese noch weiter trainieren wollen.

Australien
„FOLLOW ME"

Alter: ab 6 Jahren
Spieler: beliebig
Material: – (viel Platz)
Spieltempo: ruhig ◯ ◯ ◯ ✔ ◯ lebhaft

Spielbeschreibung:

Aus allen Teilnehmern wird zunächst ein Spieler (der Anführer) ausgewählt, der für seinen Ideenreichtum bekannt ist. Hinter ihm stellen sich alle anderen Spieler auf. Der „Anführer" beginnt nun in irgendeine Richtung zu laufen und lässt sich allerlei verschiedene Dinge einfallen. Beispielsweise hüpfen, kriechen, rollen, krabbeln, rückwärts gehen, rutschen, über etwas hüpfen, irgendwo hochziehen, klettern, in Fußspuren treten etc. Der Anführer muss sich wirklich viele verschiedene Bewegungen einfallen lassen, sonst wird das Spiel für die Mitspieler langweilig. Die Spieler versuchen alles nachzumachen, was ihnen vorgemacht wurde. Lässt ein Spieler etwas aus oder kommt er nicht mehr mit, scheidet er aus. Der Spieler, der als Letzter übrig bleibt, wird nun neuer Anführer.

Variante:

Nach spätestens drei Minuten wird der Anführer ausgewechselt. Dieser stellt sich nun an das Ende der Reihe und macht zusammen mit den anderen Spielern nach, was der neue Anführer vormacht.

Variante:

Dieses Spiel ist in fast allen Ländern zu finden. *„MIR NACH!"* heißt dieses Spiel in *Deutschland*. Es kann auch bereits mit 3-Jährigen gespielt werden. Da ist es jedoch sinnvoll, dass ein größeres Kind oder ein Erwachsener die Spielleitung übernimmt. Später kann die Spielleitung auch an ein Kind weitergegeben werden.

Brasilien
„DER ÜBERRASCHUNGS-SACK"

Alter: ab 6 Jahren
Spieler: ca. 5–12
Material: 1 alter Sack mit verschiedenen Gegenständen, z. B. Putzlappen, alte Stiefel, Schrauben, Spülbürste, Korken, Steinchen etc.
Spieltempo: ruhig ◯ ✔ ◯ ◯ ◯ lebhaft

Spielbeschreibung:

In einen alten großen Sack werden verschiedene Gegenstände oder „Geschenke" getan, deren Zahl genauso groß ist wie Anzahl der Mitspieler. Einer nach dem anderen geht zum Sack und holt sich einen beliebigen Gegenstand heraus. Jetzt müssen sich die Spieler für ihr „Geschenk" eine witzige Danksagung einfallen lassen oder erzählen, wozu sie den Gegenstand verwenden wollen. Die besten Einfälle und Ideen werden belohnt, z. B. mit lautem Beifall oder herzlichem Lachen.

Variante:

Statt Gegenstände können auch Zettel mit Reimen, Sprichwörtern, scherzhaften Anweisungen oder Gedichten in den Sack gesteckt werden. Diese müssen vorgelesen und erklärt bzw. dargestellt werden. Diese Variante ist für ältere Kinder, die bereits gut lesen können, gedacht.

Dänemark
„BILLEDHUGGEREN"
(Der Bildhauer)

Alter: ab 5 Jahren
Spieler: ca. 10
Material: –
Spieltempo: ruhig ○✔○○○ lebhaft

Spielbeschreibung:

Ein Kind wird zum Bildhauer gewählt. Er formt nun aus den anderen Spielern seine Figuren. Wenn er fertig ist, ruft er: „Der Bildhauer geht raus", danach sind alle frei und hüpfen im Zimmer umher. Wenn er ruft: „Der Bildhauer kommt", muss sich jeder Spieler genau an seine Figur erinnern und sich so hinstellen. Wer es nicht schafft oder lachen muss, scheidet aus oder wird nun zum neuen Bildhauer.

Dänemark
„HUNDEN SOUR"
(Der Hund schläft)

Alter: ab 6 Jahre
Spieler: beliebig
Material: 1 Schlüsselbund, 1 Tisch, 1 Decke
Spieltempo: ruhig ✔○○○○ lebhaft

Spielbeschreibung:

Ein Schüler – der Hund – sitzt unter dem Schreibtisch des Lehrers. Über den Tisch wird eine Decke oder Tuch gelegt, damit der Hund nicht sehen kann, wann und aus welcher Richtung jemand kommt. Der Knochen (= ein Schlüsselbund) wird auf den Tisch gelegt. Ein Schüler sollte nun versuchen den Schlüsselbund zu holen, ohne dabei Geräusche zu machen. Der Schüler, der unter dem Tisch sitzt, schlägt sofort „Alarm", wenn er ein Geräusch

hört. Hat er richtig gehört, setzt er sich auf seinen Platz. Der Verursacher des Geräusches wird nun zum Hund und setzt sich unter den Schreibtisch. Jetzt darf ein anderes Kind versuchen das Schlüsselbund zu nehmen. Gelingt es einem Schüler, den Schlüsselbund zu nehmen, ohne vom Hund erwischt zu werden, erhält er einen Pluspunkt. Der Schüler mit den meisten Punkten gewinnt.

Großbritannien
„BLIND MAN'S BUFF"
(Blinder Mann)

Alter: ab 4 Jahren
Spieler: ca. 4 bis 10, bei Älteren dürfen es ruhig mehr Personen sein
Material: 1 Halstuch
Spieltempo: ruhig ○✔○○○ lebhaft

Spielbeschreibung:

Einem Mitspieler werden die Augen verbunden und er wird dreimal um sich selbst gedreht. Dann darf er einen Mitspieler in seiner Reichweite festhalten und dessen Gesicht abtasten, nun muss er erraten, wer es ist. Wenn er es richtig errät, kommt derjenige, der geraten wurde, als Nächster dran. Hat er nicht richtig geraten, fängt er eine neue Person und probiert es noch einmal. Nach dem dritten Fehlversuch wird ein anderer Spieler zum Blinden Mann. Die übrigen Mitspieler müssen versuchen auszuweichen, um nicht selbst zum Blinden Mann zu werden. Möbel im Raum machen das Spiel noch lustiger, allerdings sollten empfindliche Sachen entfernt werden.

Großbritannien
„HUNT THE THIMBLE"

Alter: ab 4 Jahre
Spieler: beliebig
Material: 1 kleiner Fingerhut
Spieltempo: ruhig ⊘ ✓ ⊘ ⊘ ⊘ lebhaft

Spielbeschreibung:

Irgendein kleiner Gegenstand wird benötigt. Traditionell ist es ein Fingerhut, der dem Spiel auch den Namen gegeben hat. Ein Mitspieler wird zum „Sucher" gewählt und verlässt den Raum, damit der Gegenstand versteckt werden kann. Dann kommt er zurück und versucht, den Gegenstand zu finden. Die anderen Mitspieler geben Hinweise. Sie können „kalt" sagen, wenn der Sucher weit vom Gegenstand weg ist, „eiskalt", wenn er sehr weit weg ist, „warm", wenn er in der Nähe ist und „heiß", wenn er sehr nahe ist. Hat der Spieler den Gegenstand gefunden, verlässt ein anderer Spieler das Zimmer und der Gegenstand wird erneut versteckt.

Variante:

Als Alternative kann Musik verwendet werden, die leise ist, wenn er weit weg ist und immer lauter wird, je näher er kommt. Oder die Kinder können laut oder leise summen.

Indien
„DIAMANTEN RATEN"

Alter: ab 4 Jahren
Spieler: 4–6
Material: verschiedene Alltagsgegenstände, 1 Tuch
Spieltempo: ruhig ✓ ⊘ ⊘ ⊘ ⊘ lebhaft

Spielbeschreibung:

Auf einem Tisch (oder Boden) werden verschiedene Gegenstände (z. B. Ball, Buch, Auto, Stift, Schuh etc.) nebeneinander gelegt. Ein Kind schaut sich ca. 30 Sekunden lang die Gegenstände genau an. Dann wird ein Tuch über die Sachen gelegt. Das Kind muss nun möglichst alle Sachen aufzählen, die unter dem Tuch liegen. Dann wird nachgeschaut, was gesagt und was vielleicht vergessen wurde. Der nächste Spieler ist an der Reihe.

Spanien
„DIBUJOS EN LA PIZARRA"
(Tafel-Lauf)

Alter: ab 5 Jahre
Spieler: ab 3
Material: Tafel, Kreide
Spieltempo: ruhig ⊘ ⊘ ⊘ ✓ ⊘ lebhaft

Spielbeschreibung:

Ein Spieler übernimmt die Rolle der Jury und erfindet die Gegenstände, die an die Tafel gezeichnet werden sollen (z. B. Hund, Sonne, Zug, Regenschirm etc.), und schreibt sie oben an die Tafel, damit die Reihenfolge eingehalten wird. Die Tafel wird mit einer vertikalen Linie geteilt, damit jede Mannschaft nur in der einen Hälfte die Bilder zeichnet. Man bildet zwei Mannschaften mit der gleichen Anzahl von Spielern. Die Jury entscheidet, aus welcher Entfernung die Mannschaften bis zur Tafel laufen sollen. Die Teams gehen zur Startposition. Die Jury ruft: Auf die Plätze, fertig, los! Die ersten Spieler von jedem Team rennen zur Tafel los und malen den ersten angegebenen Gegenstand. Wenn sie fertig sind, laufen sie zur eigenen Mannschaft zurück und überreichen die Kreide an den nächsten Spieler. Der zweite Spieler rennt los zur Tafel und zeichnet den nächsten angegebenen Gegenstand usw. bis das letzte Bild gezeichnet und der Spieler bei dem Team zurück ist. Die Mannschaft, die zuerst fertig ist, bekommt einen Punkt. Weitere Punkte vergibt die Jury für die Zeichnungen. Dafür werden die Bilder von beiden Teams verglichen. Die Mannschaft mit der höchsten Punktzahl hat gewonnen!

Türkei
„GÜZELLIK MI ÇIRKINLIK MI?"
(Schön oder hässlich?)

Alter: ab 4/5 Jahren
Spieler: beliebig
Material: –
Spieltempo: ruhig ○ ○ ✔ ○ ○ lebhaft

Spielbeschreibung:

Die Kinder wählen einen Spielleiter. Dieser steht mit dem Gesicht zur Wand. Alle anderen Kinder verteilen sich im Raum und fragen den Spielleiter: „Güzellik mi çirkinlik mi?" (Schön oder hässlich?) Der Spielleiter sucht sich nun einen der beiden Begriffe aus und sagt dies laut, z. B. güzellik (schön). Das Wörtchen mi wird beim Antworten immer weggelassen. Die Kinder versuchen nun eine besonders „schöne" Figur darzustellen. Der Spielleiter dreht sich nun um und sucht sich die „schönste"

Figur oder Darstellung aus. Dieses Kind wird nun zum Spielleiter, der vorherige Spielleiter gesellt sich zu den anderen Kindern. Die Frage „Güzellik mi çirkinlik mi?" wird wieder gestellt und alles geht wie oben beschrieben weiter. Das Ç wird wie ein „tsch" ausgesprochen: Çirkinlik = Tschirkinlik.

Türkei
„KÖREBE"
(Der blinde Wächter)

Alter: ab 5 Jahren
Spieler: ca. 10 oder mehr
Material: 1 Knochen, 1 Halstuch
Spieltempo: ruhig ✔ ○ ○ ○ ○ lebhaft

Spielbeschreibung:

Alle Spieler sitzen im Kreis am Boden. In der Mitte des Kreises sitzt ein Spieler, das ist der Hund, er bewacht seinen Knochen. Der Knochen liegt vor ihm auf dem Boden. Der Hund bekommt nun mit dem Halstuch die Augen verbunden. Ein weiterer Spieler aus dem Kreis versucht jetzt, dem Hund den Knochen wegzuschnappen. Bemerkt der Hund dies, so bellt er und hält den Dieb fest. Jetzt wird der Dieb zum Hund, der Hund nimmt den freien Platz im Kreis ein.

Variante:

Der Hund hat ein Herrchen, diesem werden die Augen zugebunden. Der Hund bekommt die Hände und die Füße mit je einem Halstuch zusammengebunden. Falls sich nun der Dieb anschleicht, versucht der Hund durch verschiedenes Bellen seinem Herrchen mitzuteilen, wo sich der Dieb befindet.

USA
„SCHNECKEN FANGEN"

Alter: ab 4 Jahren
Spieler: beliebig
Material: Augenmasken und Wäscheklammern
Spieltempo: ruhig O ✔ O O O lebhaft

Spielbeschreibung:

Die Kinder werden in zwei Gruppen geteilt. Die eine Gruppe erhält pro Spieler eine Augenmaske und spielt die Schnecken. Die andere Hälfte bekommt die Wäscheklammern und versucht nun die Schnecken zu fangen, indem sie den Schnecken die Wäscheklammern anstecken. Dabei müssen sie sich leise anschleichen, damit die Schnecken nicht erschrecken. Bemerken die Schnecken, dass sie gefangen werden, ziehen sie ihren Kopf ein, dürfen dann nicht gefangen und somit auch keine Wäscheklammer angesteckt bekommen. Dieses Spiel macht besonders viel Spaß, wenn es auf einer Wiese mit hohem Gras gespielt wird.

Zaire
„SANDFIGUREN"

Alter: ab 4 Jahren
Spieler: mind. 1
Material: Sand
Spieltempo: ruhig ✔ O O O O lebhaft

Spielbeschreibung:

Es werden verschiedene Muster und Figuren in den Sand gemalt. Dabei ist es wichtig, dass diese aus einer einzigen Linie bestehen. Auf eine bereits gemalte Linie darf nicht zurückgekehrt werden, sie darf höchstens gekreuzt werden. Um ein Muster zu beenden, darf auch nicht neu angesetzt werden. Dieses Spiel kann allein oder auch mit mehreren Kindern gespielt werden. Es geht hierbei ums Ausprobieren und Spaß haben. So einfach wie es aussieht, ist es auch nicht. Wer hat die besten Ideen und die längsten Muster?

Variante:

Dies Spiel kann auch mit Kreide auf die Straße oder den Boden gemalt werden.

Zaire
„ TANZ MIT MIR"

Alter: ab 5 Jahren
Spieler: 6–10
Material: –
Spieltempo: ruhig O O ✔ O O lebhaft

Spielbeschreibung:

Die Spieler bilden einen Kreis. Ein Kind ist der Vortänzer und steht in der Mitte des Kreises, ein weiteres Kind ist der Spielleiter und bleibt im Kreis stehen. Der Spielleiter klatscht nun einen beliebigen Rhythmus, alle im Kreis klatschen mit. Nun stellt sich der Vortänzer vor den Spielleiter und tanzt ihm etwas Passendes zum Rhythmus vor. Ist das Vortanzen beendet, versucht nun der Spielleiter diese Schritte nachzutanzen. Schafft er dies, wird er selber zum Vortänzer und geht in die Kreismitte. Ein anderes Kind wird nun Spielleiter. Das Spiel beginnt von vorne, bis alle einmal Vortanzen durften.

Spielketten

Spielketten-Theorie

Eine Spielkette besteht aus einer Anzahl von Spielen, meist Gruppenspielen, die hintereinander gespielt werden. Das Wichtigste daran ist, dass sie in einem bestimmten Zusammenhang stehen. In der Regel führt eine Geschichte wie ein roter Faden durch die Spielkette oder es entsteht aus der Struktur der Aufgaben heraus ein Zusammenhang, z. B. bei Wahrnehmungsspielen.

Eine Spielkette setzt sich aus verschiedenen Komponenten zusammen, die möglichst gut aufeinander abgestimmt sein sollen. Drei wichtige Komponenten sind: *die Spiele, die Aufgabenverteilung im Team* und natürlich *die Geschichte*, die durch die Spielkette führt. Diese sollten auf jeden Fall geplant werden. Einige andere wichtige Aspekte, wie das Wetter und Teile der organisatorischen Bedingungen sind nur teilweise vorhersehbar. Das Unsicherste an einer Spielkette sind die Spieler und Spielerinnen selbst. Auch wenn die Spielleiter die Gruppe schon kennen, kann es sein, dass alles anders kommt, als es geplant wurde. Eine Spielkette soll die Spieler wie in einem guten Kinofilm oder Theater unterhalten. Das bedeutet auch, dass es einen genauen Aufbau, ein festes Programm und eine zeitliche Begrenzung gibt.

Rahmenbedingungen, die bei der Planung einer Spielkette Berücksichtigung finden sollten:

Mit welcher Gruppe soll gespielt werden?

- Eine Spielergruppe sollte aus ca. 10 bis 15 Teilnehmern bestehen. Sind wesentlich weniger oder mehr Spieler beteiligt, können viele Spiele nicht oder nur unter besonderen Bedingungen gespielt werden. Bei sehr großen Gruppen ist das Zuhören und Sehen des Spielleiters fast unmöglich.
- Eine altershomogene Gruppe eignet sich immer besser zum Spielen, als Gruppen mit sehr großen Altersunterschieden. Die Interessen und Bedürfnisse liegen sonst zu weit auseinander. Jüngere Kinder mögen lieber Bewegungsspiele, ältere Teilnehmer dagegen Spiele mit mehr Spannung.
- Sind die Spieler aus einem Land oder setzt sich die Gruppe vielleicht aus verschiedenen Nationen zusammen? Dann sind Spiele mit viel Sprache nicht geeignet, Spiele mit wenigen Sätzen oder die durch Vormachen erklärt werden können, eignen sich besser. Spiele, die von einer verbalen Verständigung untereinander abhängen, sind dann ebenfalls nicht empfehlenswert.
- Kennen sich die Spieler schon vorher oder sehen sie sich bei dieser Aktion das erste Mal? In der Regel ist es einfacher mit Gruppen zu spielen, die sich erst in dieser Spieleinheit als Großgruppe kennen lernen. Bestehende soziale Strukturen könnten sonst den Ablauf der Einheit gefährden.
- Welche örtlichen, organisatorischen oder zeitlichen Vorgaben sind bekannt? Steht eine Wiese, ein Pfarrheim, ein Kindergarten oder der Stadtpark zur Verfügung? Sind die räumlichen Gegebenheiten den Spielern bekannt, so verhalten sie sich anders, als in einer unbekannten Umgebung. Wird z. B. in einer Schule gespielt, kann das Abstellen des Gongs sehr hilfreich sein, damit die aufgebaute Spannung erhalten bleibt.
- Ist eine bestimmte Spieldauer vorgegeben, so sollte sie berücksichtigt werden.
- Ist der Spielleiter mit der Spielgruppe bereits vertraut oder wird er erst anschließend mit ihr weiteren Kontakt haben? Von solchen Überlegungen ist es abhängig, in welche Spielleiterrolle er sich begibt. Ein neuer Lehrer, der die künftige Klassenleitung übernehmen soll, muss sich überlegen, ob er als Clown oder als Direktor durch das Zirkusprogramm führen möchte.

Habe ich ein bestimmtes Ziel?

Was will ich mit dieser Spielkette erreichen? Warum mache ich eine Spielkette? Spielketten eignen sich gut, um bestimmte pädagogische Inhalte zu vermitteln. So können sie bestimmte Themen einführen und diese bearbeiten helfen, sie können dem Kennenlernen dienen, als Auflockerung und Ausgleich bei

Seminaren oder Tagungen nützlich sein oder auch Schwerpunkte auf bestimmte Spiele setzen (kooperative oder darstellende Spiele, Spiele zum sozialen Lernen oder Bewegungsspiele, …). Am wichtigsten jedoch ist, dass die Spielketten Spaß machen sollen! Grundsätzlich kann gesagt werden, dass gut vorbereitete Spielketten mehr Arbeit machen, aber meistens auch mehr Spaß bereiten und somit auch den Teilnehmern länger in Erinnerung bleiben.

Das Erreichen der Ziele hängt von verschiedenen Faktoren ab, z. B. von der Zusammensetzung der Gruppe, der momentanen Verfassung des Spielleiters, der Vorbereitung, den Räumlichkeiten, der Zielsetzung selbst u. v. m. Viele Dinge lassen sich einfach nicht vorhersehen. Daher ist es nötig, einigen Änderungen offen gegenüber zu stehen, als immer an dem geplanten und entwickelten Ablauf festzuhalten. So können Reservespiele die Spielzeit verlängern oder andere Spiele werden weggelassen oder ausgetauscht. Hier muss man ein bisschen flexibel sein.

Wie sieht das Team aus?

Grundsätzlich kann gesagt werden, dass es hilfreich ist, eine geplante Spielkette in einem Team (mind. zwei Personen) durchzuführen. Schließlich sind die Ideen und Einfälle von zwei oder mehr Personen vielfältiger. Während der eine die Gruppe anleitet, kann der andere bereits für die folgende Spieleinheit das Material herrichten, sich evtl. um verletzte oder ausgeschiedene Spieler (Drop Outs) kümmern oder dem Spielleiter wichtige Tipps (in Form von Handzeichen, z. B. da hinten läuft etwas schief) übermitteln. Eine Spielkette mit höchstens 15 Spielern ist möglicherweise noch alleine durchführbar.

Das Team übernimmt gemeinsam die Planung der gesamten Spielaktion, das Besorgen des Materials und die Verteilung der Rollen. Die Rollen müssen genau definiert und eingehalten werden. Dabei ist es sinnvoll, dass die Rollen im Verlauf der Einheit wechseln. Keinem macht es Spaß, zwei Stunden lang nur Stühle zu rücken und Material aufzusammeln.

Der Spielleiter führt durch die Geschichte und erklärt die Spiele, die anderen führen ihre Aufgaben aus. Es ist wichtig, dass jedes einzelne Teammitglied zu jeder Zeit jede Rolle übernehmen könnte. Denn Unvorhergesehenes kann niemand einplanen (z. B. Verletzung des Spielleiters).

Das Team stellt die Dekoration her (oder leiht sie aus), sucht sich seine „Dienstkleidung" aus und gestaltet den Spielraum.

Welche Räumlichkeiten stehen zur Verfügung?

Bei einer Spielkette ist es schön, wenn verschiedene Räumlichkeiten zur Verfügung stehen.

Raum schafft Atmosphäre. Daher ist es wichtig, sich über die Räumlichkeiten genau zu informieren, am besten sie vor Ort zu besichtigen. Mit einfachen Dekorationen und Accessoires lassen sich verblüffende Effekte erzielen: z. B. entsteht ein Dschungel, indem ein altes Fischnetz an der Decke befestigt wird und von diesem hängen unterschiedlich grüne Kreppbänder (Luftschlangen) herunter oder der Raum wird abgedunkelt und ein paar bunte Lampen machen den geheimnisvollen Zauberwald aus. Meist schaffen Kleinigkeiten eine große Wirkung.

Eine Nutzungsänderung der Räume bewirkt ebenfalls einiges, so kann aus einer Besenkammer ein Fahrstuhl, eine Treppe zur Kletterwand, der lange Flur zum großen Fluss oder zur Eisenbahnstrecke werden.

Die kleinen Accessoires sollten grundsätzlich professionell aussehen und hergestellt werden. Namensschilder, die per Computer hergestellt oder fotokopiert wurden, sehen besser aus, als Kärtchen die schnell mit der Hand geschrieben wurden.

Außer der Dekoration des Raumes ist auch das Spielmaterial intensiv vorzubereiten, die Kleidung der Spielleitung und evtl. der Mitspieler auszuwählen und bereitzuhalten. Kleine Zauberer wirken z. B. noch zauberhafter, wenn ihnen „Zauberumhänge" in Form von Tüchern umgebunden werden.

Welche Geschichte soll erzählt werden?

Die Spielkette steht und fällt mit der Geschichte. Eine gute, spannend erzählte Geschichte ist für alle Spieler interessant und motiviert zugleich. Die Geschichte beginnt langsam und die Spannung baut sich nach und nach auf. Zu Beginn darf das Ende der Geschichte noch nicht absehbar sein.

Hilfreich ist es, wenn ein Teil der Spielregel in die Geschichte einfließen kann. Die Spieler nehmen die Anweisungen dann leichter auf. Die Geschichte hilft dem Spielleiter außerdem, den roten Faden nicht zu verlieren. Die Reihenfolge der Spiele ist leichter zu merken bzw. sie ergibt sich aus der Geschichte. Außerdem sollte die Zahl der so genannten Drop Outs (Aussteiger) gering sein, da sie einen Teil der Geschichte verpassen würden, was wirklich schade wäre.

Die gesamte Spieleinheit bleibt den Spielern auf jeden Fall besser in Erinnerung, als wenn drei, fünf oder mehr Spiele einfach so hintereinander gespielt würden.

Die Geschichte sollte grundsätzlich zum Rahmenprogramm passen, das heißt, wenn das Motto des Ferienlagers „Auf der Schatzinsel" heißt, kann der Spielleiter schlecht mit Robotern und anderen Dingen auffahren.

Die Geschichte muss auf das Alter der Spieler abgestimmt sein und ein interessantes Thema behandeln. Eine Kindergartengruppe kann sich vielleicht noch „einen Tag im Büro" vorstellen, „Das Geheimnis der Sandburgen" ist dagegen für Ältere nicht mehr denkbar.

Doch wie entwickelt sich eine Spielkette? Zuerst werden für die Zielgruppe interessante Themen notiert. Ist ein Thema ausgewählt worden, setzt sich das Team zu einer Stichwortsammlung (Brainstorming) zusammen. Es wird erst einmal alles aufgeschrieben, was ihnen zu diesem Thema gerade einfällt. Nach dieser Sammlung wird ausgewählt, was nützlich erscheint und in die Spielkette eingebaut werden kann.

Welche Spiele sind notwendig?

Jede Spielkette verläuft anders. Es gibt wohl kaum zweimal oder gar öfter die exakt gleichen Bedingungen. So muss sich das Team überlegen, was will ich mit meiner Spielkette erreichen (verschiedene Gruppen näher bringen, Kooperation in der Klasse fördern, …). Das zu erreichende Ziel ist festzulegen (s. o.).

Dazu ist es notwendig, sich die Spiele genauer anzusehen. Welches Spiel hat mehr Bewegung, welches mehr Spannung zu liefern, wie hoch ist die Kooperation, wie hoch ist der darstellende Anteil eines Spieles usw.?

In einer Spielkette sollten sich grundsätzlich Spiele mit unterschiedlichem Spieltempo abwechseln. Das bedeutet, dass eine Spieleinheit nicht aus sechs temporeichen Bewegungsspielen, eine andere aus fünf ruhigen Spielen zusammengesetzt wird. Ist gerade ein passendes Spiel nicht zur Hand, kann durch kleine Änderungen eines anderen Spieles das richtige entstehen. So ist z. B. ein Fangspiel nicht mehr sehr schnell, wenn sich die Teilnehmer rückwärts bewegen oder die Hände die Füße festhalten. Ebenso ist das Bereithalten von Reservespielen sinnvoll.

Leichte, einfache und bekanntere Spiele, Spiele bei denen mehrere Spieler gleichzeitig etwas tun oder Spiele mit Material eignen sich gut für den Einstieg. Das bedeutet, dass sich Spiele mit intensivem Körperkontakt oder Spiele, bei denen ein hohes Vertrauensverhältnis notwendig ist, eher am Ende einer Spielkette wiederfinden. Der Spielfluss kommt so schneller in Gang und erleichtert die Anfangssituation für Teilnehmer und Spielleiter.

Nach einem Spiel mit der ganzen Gruppe folgen häufig Paarspiele, dann Spiele in der Kleingruppe, bis zum Schluss wieder die gesamte Gruppe spielt.

Die Anzahl der Spiele variiert je nach Alter, Anzahl der Spieler und Dauer der Spiele. So kann es sein, dass eine Geschichte mal aus fünf oder aus acht Spielen besteht, je nachdem welche Spiele ausgewählt werden.

Kann es Probleme geben?

Selbstverständlich kann es diese geben. Es könnte alles oder nichts oder nur wenig schief gehen. Manche Pannen sind vorher abzusehen, z. B. nach einem heftigen Regenguss ist die Wiese, auf der gespielt werden soll, pitsch nass, so dass es nicht verwunderlich ist, wenn reihenweise Spieler ausrutschen oder sich verletzen. Hier kann entweder ein anderes Spiel alternativ verwendet oder eine andere Räumlichkeit vorgezogen werden (z. B. Turnhalle), sofern vorhanden.

Andere Gegebenheiten, wie zum Beispiel eine neue Baustelle neben dem Spielgelände, lassen sich nicht immer vorher einplanen. Deshalb ist es sinnvoll sich in seiner Planung zu einzelnen Spielen Alternativen zu überlegen, die dann erstens schnell zur Hand sind und zweitens auch in den Ablauf passen. Arbeitet ein Team gut zusammen, so sind viele Probleme keine wirklichen Probleme. Wichtig ist vor allem, dass so viele Informationen wie möglich über das Team, den Spielort (vorher ansehen), die Rahmenbedingungen, die Spielzeit und die Gruppe eingeholt werden. Je besser die Vorplanung ist, desto geringer sind die „Überraschungen".

Was hat die Spielleitung zu beachten?

Das Wichtigste an einer Spielkette ist die Spielleitung, mit ihr steht und fällt die gesamte Spielaktion. Ein gewisses schauspielerisches Talent ist hier sicherlich angebracht. Je besser eine Spielleitung „ihre Rolle" spielt, umso leichter ist es für alle Beteiligten. Sie agiert immer aus ihrer Rolle heraus und kleidet sich auch dementsprechend. Es genügt oft schon eine einfache Kopfbedeckung und/oder eine paar kleine Accessoires und die Rolle ist perfekt. Sie gibt einfache, kurze, aber verständliche Anweisungen (Spielbeschreibungen). Gerade zu Beginn einer Spieleinheit ist ein souveränes Spielleiterverhalten wichtig, da es der Gruppe Sicherheit bietet und sie sich somit auch schneller in die Geschichte hineinversetzen können. Die Spielleitung sollte flexibel sein, Störungen beachten und offen für Veränderungen sein. Ein Spiel abbrechen, wenn es am „schönsten" ist und nicht die Spiele „totspielen" lassen.

Die Spielleitung kann sowohl die Geschichte, als auch die Spiele aus dem „Effeff" und überlegt im Voraus, bei welchen Spielen sie mitspielt und bei welchen sie dies nicht tut. Der Spielleiter muss bereit sein, wenn nötig, den Clown oder den Anführer zu spielen. Er sollte zu jeder Zeit in der Lage sein mitzuspielen. Grundsätzlich gilt: Leite nur Spiele an, die du auch gerne spielst! Die Begeisterung springt dann auch auf die Teilnehmer über. Liegt dem Spielleiter ein Spiel überhaupt nicht, dann kann bei der Gruppe auch keine Begeisterung heraufbeschworen werden. Das Team sollte für sich auf jeden Fall nach der Spielkette eine Auswertung machen. Die Reflexion kann ebenfalls mit größeren Kindern und Jugendlichen, mittels Fragebogen oder Auswertungsspiel, durchgeführt werden.

Spielketten sind grundsätzlich veränderbar. Sie lassen sich, je nach Situation und Möglichkeit, auf die eigenen Bedürfnisse umändern. Da kann es Veränderungen des Materials, der Spiele, der Räumlichkeiten oder der Zeit geben. Die hier aufgezeigten Spielketten stellen nur eine kleine Auswahl dar. Es gibt weitaus mehr Themen, unter denen eine Spielkette stehen kann.

Hier zwei Beispiele: Paris und Piraten

Paris: Frankreich, Eiffelturm, Baguette, Museen (Louvre), Arc de Triomphe, Montmartre, Seine, Kathedrale Notre-Dame, Orly (Flughafen), Montparnasse, Bistro, Cafés, Parfüm, Modeschöpfer, Metro (U-Bahn), Hauptstadt, Autobahngebühr, Champs-Élysées, Rotwein, ...

Piraten: Säbel, Schiff, Augenklappe, Ringe, Schatztruhe, Schatzsuche, Totenkopf, Kapitän, Entern, Seeräuber, Kanonen, Meer, einsame Insel, Palmen, Smutje, Feuer, schwimmen, Piratenbraut, Papagei, Rum, Whisky, Festung, Burg, Verlies, Bar, ...

Die folgenden Spielketten sind auf einem interkulturellen Hintergrund aufgebaut. Sie versuchen die Teilnehmer in eine andere „Welt" zu entführen, um Fremdes und Gewohntes zu erleben und zu erfahren. Ferner steht das Erlebnis von gemeinsamen Handlungen (Spielen), die nicht miteinander konkurrieren, sondern sich gegenseitig helfen und unterstützen im Vordergrund (Kooperation).

So reisen die Spielgruppen durch fremde Länder auf der Seidenstraße, begeben sich in den fast undurchdringlichen Dschungel, besuchen das sehenswerte Storchenmuseum oder spazieren durch den geheimnisvollen Zauberwald.

Die abenteuerliche Reise entlang der Seidenstraße

Alter: 8 bis 10 Jahre
Anzahl der Spieler: ca. 12–20 Teilnehmer
Räumlichkeiten: ein großer Raum
Material: pro Person 1 Betttuch, Kopftuch, 1 Kordel (zum Festbinden der „Gewänder"), Musik, pro Spieler ein Paar chinesische Essstäbchen, 1 Topf, 1 Korb, Papierschnipsel, Papier, Stift, Bleischnur oder Seil, je Mitspieler 1 Stuhl, evtl. Wolldecken und Bälle, aufgeblasene Luftballons.
Spielleiter: Namensschild, 1 „Arabergewand", Kopftuch

⌂ GESCHICHTE
SPIELLEITER

Guten Tag und herzlich willkommen. Ich darf mich kurz vorstellen, mein Name ist „Shihjang-ti". Ich bin für die nächsten Tage ihre Reisebegleitung von Heinzelmann-Touristik.

Wir befinden uns hier in der Stadt Xi-an, einer Stadt auf der historisch wichtigen Seidenstraße. Dies war, bis zur Entdeckung des Seeweges, einer der bedeutendsten Handels- und Reisewege zwischen Ostasien und Europa. Auf diesen Karawanenwegen wurde hauptsächlich chinesische Seide transportiert. Aber auch viele andere Händler beförderten auf diesem Wege ihre Waren. Wie gesagt, wir stehen an unserem Ausgangspunkt in Xi-an. Unsere Route streift viele unterschiedliche Völker, bis wir schließlich in der Türkei nach Mehabat kommen. Wir wollen uns nun ebenfalls auf die abenteuerliche Reise entlang der Seidenstraße begeben.

Um für unsere Reise gut gerüstet zu sein und alle Höhen und Tiefen durchstehen zu können, benötigen wir eine besondere Kleidung. Diese Gewänder und Kopftücher werden uns vor allem vor der sengenden Hitze schützen. Bitte ziehen Sie nun Ihre Gewänder an.

GESCHICHTE ⌂

Verteilung der Betttücher, Kopftücher und Kordeln

⌂ GESCHICHTE
SPIELLEITER

So nun darf ich Sie noch einmal ganz herzlich willkommen heißen, nachdem auch die letzten Reiseteilnehmer eingetroffen sind. Traditionell begrüßen sich die Menschen hier in Xi-an auf folgende Art und Weise. Ich bitte Sie, sich auch den anderen Mitreisenden vorzustellen.

GESCHICHTE ⌂

1. Spiel: „Xi-anesische Begrüßung" Gegenseitige Begrüßung, mit Musik.

Material: Musik

Die Reisegruppe läuft, während Musik spielt, durch den Raum. Bei Musikstopp begrüßen sich immer zwei Reiseteilnehmer auf folgende Art und Weise: aufeinander zuhüpfen, an den eigenen Ohren ziehen und dabei Zunge herausstrecken. Die Musik beginnt und alle laufen wieder durch den Raum, bei Musikstopp die gleiche Begrüßung machen wie vorher, allerdings mit (möglichst) neuem Partner. Haben sich alle begrüßen können, endet das Spiel.

GESCHICHTE
SPIELKETTE

Nachdem Sie sich nun schon ein wenig bekannt gemacht haben, werden wir mit unserer eigentlichen Reise beginnen und uns auf den abenteuerlichen Weg durch fremdes „Gefilde" begeben und Richtung Kang-hsi ziehen. Damit wir gleich zu Beginn etwas schneller vorankommen, benutzen wir die hier in China üblichen Rikscha! In jeder Riksha haben bis zu drei Personen Platz. Um das Einsteigen zu erleichtern, bitte ich Sie, sich schon einmal in 3er-Gruppen zu versammeln.

GESCHICHTE

2. Spiel: „Rikscha fahren" Je zwei Spieler tragen einen dritten auf ihren Schultern.

Material: –

Je zwei Teilnehmer stellen sich Schulter an Schulter und halten sich gegenseitig mit einer Hand hinter dem Rücken beim Partner fest (Hüfte). Der Dritte setzt sich nun (evtl. mithilfe eines Stuhles) auf die beiden Schultern und wird ein kurzes Stück oder eine kleine Runde getragen. Dann wird der zweite und anschließend der dritte Teilnehmer getragen.

GESCHICHTE
SPIELKETTE

Unsere erste, bereits etwas anstrengende Etappe haben wir geschafft. Das nächste Stück müssen wir leider zu Fuß gehen, da der nun folgende Weg für Fahrzeuge aller Art nicht benutzbar ist. Hier gibt es viele Unebenheiten auf den Wegen, aber außerdem noch allerhand Schönes zu entdecken. Sehen Sie nur die wunderschöne und besonders lange chinesische Mauer. Sie hat eine Länge von 2.450 Kilometern und ist stellenweise bis zu 16 Metern hoch. Die Mauer selbst ist acht Meter dick. Aus diesem Grund ist sie schon von weither sichtbar. Sie wurde bereits um 215 vor Christus erbaut und im 15. Jahrhundert erneuert. Aber kommen Sie bitte weiter, es gibt noch vieles zu erkunden. Werfen Sie einen Blick auf die vielen, in Stufen angelegten Reisfelder und hier die vielen Orangen- und Mandarinenbäume. Oh, ich sehe da vorne ja schon unser Lager. Dort werden wir eine kleine Stärkung zu uns nehmen. Natürlich benutzen wir hier auch die chinesischen Essstäbchen. Doch bevor wir uns unsere Bäuche füllen können, müssen die Lebensmittel noch aus dem Verschlag (kühl und dunkel) geholt und zubereitet werden. Um dies möglichst zügig zu erledigen, ist es sinnvoll, sich in zwei gegenüberstehenden Gruppen aufzustellen.

GESCHICHTE

3. Spiel: „Stäbchen-Transport" Mit Stäbchen Papierschnipsel weitergeben.

Material: pro Spieler 1 Paar chinesische Essstäbchen, 1 großer Topf und 1 Korb mit Papierschnipseln (evtl. in Form von Gemüse schneiden)

Die Spieler teilen sich in zwei, möglichst gleich großen Gruppen (A und B) auf. Sie stehen ca. 15 Meter auseinander. Jeder Spieler erhält nun ein Paar Stäbchen. Die Gruppe A hat vor sich den Korb mit den Lebensmitteln stehen und bringt der Gruppe B die Lebensmittel (Papierschnipsel), die Gruppe B transportiert diese dann in den Küchentopf, der ebenfalls ca. 15 Meter weiter weg (im Lager) steht. Der erste Spieler der Gruppe A nimmt nun ein Lebensmittel aus dem Korb mit seinem Stäbchen heraus und bringt ihn dem ersten Spieler der Gruppe B. Dieser Spieler übernimmt den Papierschnipsel und trägt diesen zum Küchentopf. In der Zwischenzeit ist der zweite Spieler der Gruppe A mit einem Papierschnipsel zum zweiten Spieler der Gruppe B unterwegs, übergibt den Schnipsel und dieser läuft weiter zum Topf. Das Spiel endet, wenn alle Spieler einmal an der Reihe waren oder wenn alle Lebensmittel im Topf sind. Dies ist kein Wettkampfspiel, da alle gemeinsam dazu beitragen, die Zutaten in den Topf zu bringen.

Sind nicht so viele Stäbchen vorhanden wie Spieler, können auch die Stäbchen mit dem Papierschnipsel übergeben werden oder der erste Spieler gibt sie an den übernächsten und so fort.

GESCHICHTE

Endlich ist es geschafft und wir verspeisen das leckere Essen. Nach dem Essen ist es in den meisten chinesischen Haushalten so üblich, ein Tässchen Tee zu trinken. Nach dieser ausgiebigen Mahlzeit richten wir nun unser Lager gemütlich ein und ruhen uns ein wenig aus. Kurze Pause, alle liegen am Boden und hören die (ungewohnten) chinesischen Klänge (evtl. leise chinesische Musik spielen). Nachdem es nun schon Abend geworden ist und die Nächte kalt sind, wärmen wir uns alle am bereits errichteten Lagerfeuer. Dazu setzen wir uns am besten in einem Kreis um dieses herum. Da, sehen Sie, liebe Reiseteilnehmer, noch heute begeben sich, zumeist ägyptische, Händler auf die Seidenstraße. Oh, wie schön, Sie wollen sich zu uns setzen. Bitte rücken Sie doch ein wenig zusammen, damit unsere Gäste auch ein wenig Platz haben. Gibt es unter den Reisegästen vielleicht einen Dolmetscher? Nein, na dann müssen wir uns auf die altbewährte Weise unterhalten, die Sprache, die jeder kennt. Mit Händen und Füßen kann jeder kommunizieren, probieren Sie es doch einmal aus. Ich verstehe nur soviel, als dass uns die ägyptischen Händler etwas aus ihrer Heimat und von ihrer Kultur erzählen wollen.

GESCHICHTE

4. Spiel: „Kleopatra stellt sich vor" Ein Spieler stellt etwas dar, Nebenleute helfen mit.

Material: –

Die Spieler stehen im Kreis. Die Reiseleitung steht in der Mitte und zeigt auf einen beliebigen Reiseteilnehmer (Mitte) und sagt z. B. „Kleopatra stellt sich vor". Dieser macht eine bestimmte Bewegung, dabei helfen die Nachbarn (Nebenleute) des angesprochenen Spielers mit. Reagiert ein Spieler überhaupt nicht oder zu spät oder macht er eine falsche Bewegung, so tauscht er mit der Reiseleitung (Spieler in der Mitte) den Platz.

Kleopatra: Mitte – kreuzt Arme vor der Brust und macht ein hübsches Gesicht
  Nebenleute – falten Hände, drehen sich zu Kleopatra und verneigen sich
Pyramide: Mitte – bildet Dreieck mit Händen und streckt diese nach oben
  Nebenleute – halten Hand über Augen und schauen zur Pyramide empor
Palme: Mitte – streckt beide Arme nach oben in die Luft
  Nebenleute – strecken ebenfalls beide Arme aus, aber jeweils weg von der Palme,
  d. h. der rechte Nebenmann streckt sich nach rechts weg, der linke nach links

Mumie: Mitte – steht ganz steif und gerade

Nebenleute – greifen mit ihren Armen um die Mumie

GESCHICHTE

SPIELKETTE

Nach einem wunderschönen und unterhaltsamen Abend sollten wir nun in unsere „Betten" gehen, denn morgen früh müssen wir beizeiten aufstehen. (Hinlegen und kurzes Schnarchen.) Kikeriki! (Der Hahn weckt die Reisegruppe auf.)

Wir kommen nun wieder an vielen Sehenswürdigkeiten vorbei. Sehen Sie hier zu Ihrer Rechten den wundervollen, reich verzierten Tempel. Und linker Hand sehen wir eine Ruine, die Reste eines mittelalterlichen Theaters. Gleich passieren wir die Grenze zu Pakistan, halten Sie bitte Ihre Reisepässe bereit. Danke, meine Damen und Herren, das hat ja wunderbar geklappt. Nun laufen wir ein kleines Stück am bedeutendsten Strom Asiens entlang, dem Jangtsekiang. Ich sehe, wie erstaunt Sie sind. Diese Vielfältigkeit, die diese Länder zu bieten haben, ist wirklich einmalig. Sehen Sie nur, hier die schöne … na was ist denn dass? Oh je, ein Sandsturm kommt! Keine Panik! Gehen Sie schnell in kleinen Gruppen zusammen und passen auf, dass niemand verloren geht.

SPIELKETTE

GESCHICHTE

5. Spiel: „Von Wâhid bis Chamsa" Spieler finden sich in bestimmter Gruppengröße zusammen.

Material: Musik

Alle gehen oder laufen durch den Raum, während die Musik (am besten orientalische oder asiatische) spielt. Bei Musikstopp ruft der Reiseleiter eine Zahl zwischen 1 und 5, zu dieser Zahl sollen sich sofort kleine Gruppen zusammenfinden. Die Musik geht gleich wieder weiter und eine andere Zahl wird gerufen. Bleibt ein Spieler mal übrig, so darf er eine Zahl sagen, spielt aber gleich wieder mit.

Die arabischen Zahlen: 1 = wâhid, 2 = itnên, 3 = talâta, 4 = arbåa, 5 = chamsa

GESCHICHTE

SPIEL

Kommen Sie, bitte beeilen Sie sich ein wenig, damit uns der Sandsturm nicht ein zweites Mal erwischen kann. Wer hat denn meine Karte gesehen? Sah der Weg hier gerade nicht etwas anders aus? (Kurze Stille. Spannung steigt.) Was sollen wir denn jetzt nur tun? Am besten laufen wir ganz eng hintereinander her und passen gut auf, wenn die nächsten Wegemarkierungen kommen. Diese versuchen wir gemeinsam zu entziffern.

KETTE

GESCHICHTE

6. Spiel: „Hieroglyphen raten" Spieler stehen dicht hintereinander in einer Reihe, der Letzte malt dem Vordermann ein Zeichen auf den Rücken, alle geben es weiter, der erste legt das Zeichen mit einer Schnur.

Material: 1 Seil oder Bleischnur (aus einem Vorhang) und Papier und 1–2 Stifte

SPIELKETTEN

Die Reisegruppe setzt sich dicht hintereinander auf den Boden. Der Spieler, der am Ende der Reihe sitzt, malt ein einfaches Zeichen auf ein Blatt Papier und dasselbe Zeichen seinem Vordermann auf den Rücken. Dieser malt das Zeichen ebenfalls auf den Rücken seines Vordermannes. Dies geht so weiter, bis das Zeichen beim ersten Spieler angekommen ist. Dieser malt das Zeichen auf ein Papier oder legt es mit einer Schnur nach. Anschließend geht der vorderste Spieler auf den letzten Platz der Reihe und malt wieder ein Zeichen sowohl auf Papier und auf den Rücken seines Vordermannes. Anfangs- und Endzeichen werden verglichen und geraten, was sie darstellen.

GESCHICHTE SPIELKETTE

Dank Ihrer guten Mithilfe befinden wir uns, Gott sei Dank, wieder auf dem richtigen Weg. Da, da vorn ist ja auch schon die Stadt „Mehabat" mit dem außergewöhnlichen Bazar. Hier befinden sich die verschiedensten Händler mit ihren Waren. Es werden Gewürze, Körbe, Tücher, Teppiche, Schmuck und vieles andere, zum größten Teil mit der Hand selber hergestellte Waren, angeboten. Feilschen sie nur! Ein Händler ist erst zufrieden, wenn er sich ungefähr um die Hälfte des angegebenen Preises hat herunterhandeln lassen. (Nach kurzer Besichtigungsrunde.) Sehen Sie hier eine ganz exzellente „Currymischerei". Dieses alte handwerkliche Geschick ist heute nur noch wenigen vergönnt. Am besten wird es sein, wenn wir uns alle um diesen Stand herumstellen. So kann jeder sehen, was dort geschieht!

GESCHICHTE

7. Spiel: „In der Currymischerei" Spieler tauschen miteinander Plätze.

Material: 1 Stuhl weniger als Mitspieler

Die Spieler sitzen in einem großen Stuhlkreis. Die Spieler werden in vier gleich große (evtl. auch nur drei) Gruppen aufgeteilt. Die Gruppen werden nun nach verschiedenen Gewürzen benannt. Hauptbestandteile des Currys sind: Nelken, Koriander, Ingwer, Senfkörner, Piment, Curcuma/Kreuzkümmel, Kardamon und Chili (Curry wird aus 10 bis 15, manchmal auch bis zu 30 verschiedenen Gewürzen zusammengestellt). Der Currymischer steht nun in der Mitte des Stuhlkreises. Er nennt zwei Gewürze, die Spieler der genannten Gruppe erheben sich schnell und tauschen mit den Spielern der anderen Gruppe die Plätze. Der Currymischer versucht ebenfalls einen Stuhl zu erwischen und legt eine kleine Pause ein. Der Spieler, der keinen Stuhl bekommen hat, wird neuer Currymischer. Er kann entweder zwei Gruppen die Plätze tauschen lassen oder auch „Curry" rufen. Dann müssen alle Spieler ihre Plätze tauschen.

GESCHICHTE SPIEL

So, nun müssen wir uns aber von diesem sehr interessanten Bazar trennen und uns weiter in Richtung Hotel bewegen. Dort wartet bereits das türkische Dampfbad auf uns, das extra eingeheizt wurde. Hier können Sie sich in Ruhe von der anstrengenden Reise erholen und bei einer schönen Massage entspannen. Da es in den Bädern sehr heiß und daher neblig ist, bitte ich Sie, dass immer zwei Personen zusammenbleiben.

GESCHICHTE

8. Spiel: „Partnermassage" Ein Spieler wird vom anderen massiert, dann Wechsel.

Material: Musik (evtl. Wolldecken und Bälle)

Je zwei Spieler gehen paarweise zusammen. Der eine Spieler legt sich flach auf den Boden, evtl. auf eine Decke und darf sich nun von seinem Partner massieren lassen. Hier steht es dem Spielleiter frei, das Massagespiel anzuleiten (z. B. Wettermassage oder Pizza backen) oder die Massage den Paaren selber zu überlassen. Einige Hilfestellungen sind sicherlich hilfreich, man kann sich z. B. auch mit Bällen massieren lassen (kein direkter Körperkontakt).

GESCHICHTE

Nachdem alle wieder erholt und munter aus dem türkischen Bad gekommen sind, erwartet uns nun noch ein bunter folkloristischer Abschlussabend. Neben vielen interessanten Darbietungen ist besonders diese der international anerkannten Bauchtänzerin zu beachten. Sehen Sie nur, wie anmutig sie sich bewegen kann. Diese Eleganz und Bewegungsvielfalt lässt den Zuschauern wirklich keine Wünsche offen. Oh, welche Ehre, die Bauchtänzerin „Filiz von Merendes" lädt uns zu ein paar Übungsrunden ein. Stellen Sie sich bitte in zwei Reihen gegenüber, mit dem Gesicht zueinander auf.

GESCHICHTE

9. Spiel: „Bauchtanz" Paare tanzen mit Luftballon zwischen den Bäuchen.

Material: pro Paar mindestens 1 aufgeblasener Luftballon, zusätzlich einige in Reserve, Musik

Die Paare stellen sich so auf, dass sie sich anschauen können. Zwischen den Bäuchen wird nun je ein aufgeblasener Luftballon geklemmt. So wird nun durch den Raum getanzt. Bei älteren Spielern lassen sich vielleicht „richtige" Tänze, wie Walzer, Tango usw., einbringen. Den jüngeren Spielern können Eingaben vorgegeben werden, wie auf einem Bein tanzend (hüpfend) durch den Raum bewegen oder „Hackespitze" tanzen lassen.

GESCHICHTE

Nach diesem herrlichen und sehr unterhaltsamen, vor allem lehrreichen Abend in Bezug auf Bauchtanz müssen wir uns leider auf Wiedersehen sagen. Sie waren eine wunderbare Reisegruppe und ich würde mich wirklich freuen, Sie eines Tages wieder bei Heinzelmann-Touristik begrüßen zu dürfen.

GESCHICHTE

Die Forscher auf Expedition

Alter: ab 8 Jahre
Anzahl der Spieler: 10 bis 20 Teilnehmer
Räumlichkeiten: 1 großer Raum (besser mehrere Räume) oder im Freien
Material: pro Spieler ein „Tropenhelm", 1 Decke, 1 Zauberstab, 1 langes Seil, 2 Rosen
Spielleiter: 1 Tropenhelm, Namensschild, evtl. Lupe oder Fernglas

Meine sehr verehrten Damen und Herren, ich darf Sie im Namen des internationalen Komitees für besondere exotische Dschungelpflanzen ganz herzlich willkommen heißen. Mein Name ist „Findubaldus Neugierigus" und ich bin für Sie in den folgenden Stunden zuständig. Ich hoffe, Sie haben alle Ihre Einladungen aufmerksam durchgelesen und wissen nun, auf welch einzigartige Suche wir uns hier begeben. Ah, ich sehe schon, die Damen und Herren in der dritten Reihe, sehen mich ein wenig ungläubig an. So werde ich nochmals eine kurze Zusammenfassung der wichtigsten Ereignisse erläutern.

Sie alle wurden vom „Komitee für besondere exotische Dschungelpflanzen" aufgrund ihrer herausragenden Leistungen auf diesem Gebiet ausgewählt, um bei der Suche nach der sagenumwobenen, vom Aussterben bedrohten Dschungelrose mitzuwirken. Wir haben uns ganz bewusst hier am Rande des Amazonas, dem längsten Fluss der Erde (6.518 km lang!) getroffen. Ein Einheimischer gab uns den entscheidenden Hinweis, die lang gesuchte, doch noch nie gefundene Dschungelrose endlich finden zu können. Ich bitte Sie im eigenen Interesse, die im Anschluss an diese Begrüßung verteilten Tropenhelme zu Ihrer Sicherheit aufzusetzen.

Verteilung der Tropenhelme (Zeitungshüte oder Baseballkappen)

Bitte halten Sie sich nun an der Halteleine fest, ein gefahrvoller Weg erwartet uns. Wir laufen nun über einen schmalen Weg, Achtung aufgepasst, eine Schlange! Gerade nochmal Glück gehabt! Die Schlangen sind zwar nicht alle giftig, aber trotzdem können wir nicht genug aufpassen. So, noch ein kleines Stückchen weiter und schon kommen wir an unserer ersten Station an. Sie dürfen sich nun aus der Halteleine ausklinken. Wir befinden uns an einem kleinen Seitenarm des Amazonas. Um Zeit zu sparen, haben wir einen Eingeborenen gebeten uns sein Floß zu überlassen. Dieses ist zwar nicht gerade groß, doch wir müssen alle auf einmal auf die andere Seite gelangen. Die Überfahrt wird ca. ein bis zwei Minuten dauern. Bitte seien Sie so nett und helfen sich gegenseitig. Es darf keiner vom Floß fallen, da auch in diesem Gewässer viele Alligatoren leben.

1. Spiel: „Floßfahrt" Alle Spieler fahren mit einem Floß über das Wasser.

Material: 1 Decke (oder 1 Reifen, 1 Holzpalette)

Alle Forscher (Spieler) haben die Aufgabe auf einem Floß (Decke) Platz zu finden. Dabei helfen sich alle gegenseitig. Das Floß kann nur abfahren, wenn alle Forscher sich in irgendeiner Art und Weise auf dem Floß befinden. Der Bereich um das Floß herum darf von keiner Person betreten werden. Die Überfahrt dauert ca. eine Minute (bei jüngeren Spielern reichen auch einige Sekunden).

GESCHICHTE

So, nun springen Sie bitte langsam und der Reihe nach vom Floß. Passen Sie auf, dass Sie im feuchten Untergrund nicht ausrutschen. Die Sicherheitsrichtlinien sind auch weiterhin zu beachten. Deshalb bitte ich nochmals alle Forscher, ihre Neugier ein wenig zu zügeln und den Weg auf gar keinen Fall zu verlassen. Die unterschiedliche Beschaffenheit des Weges weist zudem noch einige Unebenheiten auf.

GESCHICHTE

2. Spiel: „Über Stock und über Stein" Pantomimisches Gehen über unterschiedliche Oberflächen.

Material: –

Die Forscher laufen ihrem Reiseleiter (Spielleiter) hinterher. Die Reise geht durch hohes Gras, über steinige Wege, moosige Böden, glitschige Steine, heißen Sand. Der Spielleiter gibt an, über welchen Untergrund gerade gegangen wird. Die Teilnehmer versuchen dies pantomimisch darzustellen, z. B. hohes Gras – Beine ganz hoch heben beim Laufen; heißer Sand – schnelle kurze Schritte, …

GESCHICHTE

Den unwegsamsten Weg hätten wir somit geschafft. Bitte nehmen Sie einen Moment Platz und ruhen sich aus. Unsere Expedition geht bald weiter. Zur Stärkung verteile ich nun an jeden Teilnehmer eine Energiekapsel (Gummibärchen) aus unserem Survivalpaket. Ach je, was ist denn nun passiert? Ich dachte, ich hätte die Energiekapseln ausgeteilt! Doch es kann sich ja keiner mehr alleine vom Boden erheben. Was machen wir denn da nur? Am besten wird es sein, wenn sich immer zwei Forscher gegenseitig beim Aufstehen helfen.

GESCHICHTE

3. Spiel: „Forscheraufstand" Paarweise Aufstehen.

Material: –

Die Spieler bilden Paare. Sie sitzen Rücken an Rücken auf dem Boden. Die Spieler können ihre Arme miteinander verschränken, müssen dies aber nicht. Je nachdem wie unterschiedlich groß ein Paar ist, fällt es sogar leichter, die Arme einfach seitlich hängen zu lassen. Gemeinsam wird nun versucht aufzustehen. Dabei ist es wichtig, dass beide Spieler immer engen Rückenkontakt behalten, sonst kann einer evtl. umfallen. Hat das Aufstehen gut geklappt, setzt sich das Paar noch einmal langsam zusammen auf den Boden. Dann wieder gemeinsames Aufstehen.

Der nun folgende Weg ist ein wenig breiter als der vorherige, so können Sie gerne paarweise nebeneinander weiter laufen. Bei der nächsten Lichtung befinden sich weitere seltene, doch bereits erforschte Dschungelpflanzen. Diese werden wir selbstverständlich genau betrachten und unter die Lupe nehmen. Wer möchte, kann auch einige Fotos erstellen, doch nehmen Sie bitte Rücksicht, da diese erlesenen Pflanzen keine Blitzlichter vertragen.

4. Spiel: „Unter die Lupe nehmen" Forscher führt Lupe zu drei interessanten Dingen, danach Wechsel.

Material: –

Das Spiel wird entweder im Freien gespielt oder es werden Bilder von exotischen Pflanzen im Raum aufgehängt. Je zwei Forscher bilden ein Paar. Der eine ist zuerst „die Lupe", der andere der Forscher, dieser führt „die Lupe" zu einer bestimmten Pflanze. Die Lupe steckt während sie noch geführt wird in ihrem Etui – die Lupe hält ihre Hand vor die Augen (blind). Der Forscher kann nun zwischen zwei Lupeneinstellungen wählen, Nahaufnahme oder Fernblick. Bei Nahaufnahme nimmt die Lupe ihre Hände wie zu einem Kästchen zusammen und hält sie vor die Augen (kann relativ viel sehen), für den Fernblick bilden die Hände einen kleinen Kreis um die Augen (schaut durch Röhre). Der Forscher wählt nun ca. drei Pflanzen aus, die er unter die Lupe nehmen will. Er probiert dabei auch die unterschiedlichen Lupeneinstellungen aus. Danach werden die Rollen getauscht.

Das Fotografieren hat ein wenig unserer kostbaren Zeit verbraucht, deshalb müssen wir uns nun ein bisschen sputen, um den Zeitplan weiter einhalten zu können. Der Tag neigt sich langsam dem Ende zu und hier wird es sehr plötzlich dunkel. Bevor die Dunkelheit einbricht, müssen wir unser Camp (Hüttenlager) erreicht haben. Vertrödeln Sie also keine Zeit.

Huch, was war denn das für ein jämmerliches Geschrei? Da, schon wieder! Oh, je jetzt sind auch noch die Forscher weg. Nichts wie hinterher! Alle Forscher, die bereits gefunden wurden, bleiben bitte beieinander und halten sich gut fest.

5. Spiel: „Forscherfangen" Spielleiter fängt Forscher, diese halten sich fest (Kette).

Material: –

Ein Forscher wird als Fänger (kann auch Spielleitung sein) ausgewählt, alle anderen laufen weg. Der Fänger schnappt sich nun nach und nach alle davongelaufenen Forscher. Wer gefangen wurde, bleibt beim Fänger an der Hand. So bildet sich mit der Zeit eine immer länger werdende Kette. Sind alle Forscher eingefangen worden, geht die Abenteuerreise weiter.

Zum Glück haben wir alle Forscher wiedergefunden! War das ein fürchterliches Geräusch. Wer weiß, was das bloß gewesen ist? Ich glaube, dass wir trotz einbrechender Dunkelheit kein Auge zumachen werden. Mir ist ganz unheimlich zumute. Ich würde Ihnen vorschlagen noch zwei weitere Energiekapseln aus unserem Vorrat einzunehmen und lieber durch die Dunkelheit weiterzulaufen. Mich bringt hier und jetzt eh niemand zum Schlafen. Donnerwetter, da stehen ja drei Menschen wie in Stein gehauen. Dieses leise Murmeln, da muss ich doch noch näher heran gehen. Was sagen sie? „Ich bin verzaubert! Ich bin verzaubert!"

6. Spiel: „Zauberspiel" Forscher erstarren bei Zauberberührung, können erlöst werden, indem man durch ihre Beine krabbelt.

Material: 1 Zauberstab (kann eine bunt beklebte leere Küchenrolle oder Zeitungsrolle sein)

Alle Forscher sausen durch den Raum. Ein Zauberer (Forscher) erhält einen Zauberstab und versucht nun möglichst viele Forscher damit zu verzaubern, indem er sie mit dem Zauberstab berührt. Die verzauberten Forscher bleiben sofort stehen, grätschen ihre Beine und rufen: „Ich bin verzaubert, ich bin verzaubert." Die noch nicht verzauberten Forscher haben die Möglichkeit, ihre Kollegen wieder zu entzaubern, indem sie durch die gegrätschten Beine der verzauberten Forscher krabbeln oder rutschen. Dabei müssen sie aber sehr vorsichtig und ganz schnell sein, denn der Zauberer darf sie jederzeit mit dem Zauberstab berühren.

Das Entzaubern der Eingeborenen und Forscher ist endgültig vorbei. Bevor wir noch weitere unliebsame Begegnungen hier haben, sollten wir uns schleunigst auf den Weg machen. Bitte bleiben sie dicht beieinander und schauen Sie immer wieder in kurzen Abständen hinter sich, damit auch wirklich niemand verloren geht. Hier im Dschungel sind wir vor Überraschungen nicht ganz sicher. Doch unser Ziel, das Finden der Dschungelrose, sollte uns genügend Kraft geben, um weiterzugehen. Was sehen meine müden Augen denn hier vorne? Wilde Lianen hängen ganz wüst durcheinander und tanzende Lianen, die sich fast im Kreise drehen, gibt es auch. Achtung, hier müssen wir aufpassen und über die Lianen hüpfen.

7. Spiel: „Lianenhüpfen" Durch ein schwingendes Seil hindurchlaufen oder hüpfen.

Material: 1 langes Seil

Der Spielleiter und ein Forscher (oder ein zweiter Spielleiter) halten das Seil und bringen es zum Schwingen (große Kreisbewegungen). Die Forscher versuchen nun, ohne an die schwingende Liane zu stoßen, auf die andere Seite zu gelangen und sich somit einen Weg durch die tanzenden Lianen zu bahnen. Die Forscher können schnell hindurchlaufen oder ein Weilchen stehen bleiben und versuchen über die schwingende Liane zu hüpfen. Haben alle Forscher diese

Aufgabe bestanden, geht die Suche nach der Dschungelrose weiter. Der Forscher, der die Liane mitschwingt, tauscht mit einem anderen Forscher und versucht ebenfalls auf die andere Seite zu gelangen.

Schauen Sie – eine Anhöhe. Ich glaube, wir sind unserem Ziel ein ganzes Stück näher gekommen. Der Eingeborene erzählte etwas von einer steilen Böschung oder einem fast unüberwindbaren Ungeheuer, aber mir scheint fast, es könnte DIE genannte Stelle sein. Schnell, kommen Sie! Die Dschungelrose! Wie wunderschön sie ist. Diese Einzigartigkeit! Diesen einmaligen Anblick müssen wir genießen, wir sollten dennoch nicht zu lange warten, um sie zu pflücken. Doch Halt! Keiner von uns kommt an die Dschungelrose. Das Geheimnis dieser Rose muss erst noch gelüftet werden. Dazu sollten wir uns in zwei Gruppen teilen und Lösungsmöglichkeiten erarbeiten.

8. Spiel: „Das Rosengeheimnis" Eine Gruppe denkt sich Berührung aus, andere Gruppe muss diese erraten, dann Wechsel.

Material: 2 Rosen (Fantasieblume evtl. aus Servietten oder Krepppapier basteln)

Die Forscher teilen sich nun in zwei Gruppen auf. Die eine Gruppe geht vor die Türe oder stellt sich einige Meter weiter weg. Beide Gruppen denken sich nun irgendeine geheimnisvolle Bewegung aus, z. B. den Forscher Sowieso am linken Ohr kitzeln oder einem anderen das rechte Schuhband aufziehen. Der Fantasie sind keine Grenzen gesetzt. Es wird aber nur eine einzige ganz bestimmte Bewegung/Berührung festgelegt. Jetzt stellt sich die eine Gruppe Forscher wie ein magischer Kreis um die Dschungelrose und hält sich an den Händen fest. Die anderen kommen dazu und versuchen nun herauszufinden, welches die richtige Berührung ist, um den magischen Kreis aufzubrechen. Gelingt es nach einer Weile nicht, die geheimnisvolle Berührung zu erraten, so kann der ratenden Gruppe mit „heiß" und „kalt" geholfen werden. Ist die richtige Berührung erfolgt, bricht der magische Kreis auf und die Dschungelrose kann „gepflückt" werden. Wechsel – jetzt darf die andere Gruppe raten und ihre Dschungelrose in Empfang nehmen.

Juhu! Der magische Kreis ist durchbrochen! Endlich kann die lang ersehnte und gesuchte Dschungelrose mit ihren magischen Heilkräften in unsere Obhut genommen werden. Auf schnellstem und kürzesten Wege verlassen wir den Dschungel, um sofort in unserer Universität die Geheimnisse der Dschungelrose zu erforschen. Ihr Findubaldus Neugierigus verabschiedet sich an dieser Stelle von Ihnen und wünscht nun allen viel Erfolg bei der Erforschung der Dschungelrose.

Im Zauberwald

Alter: ca. 4 bis 6 Jahren
Anzahl der Spieler: 8 bis 20
Räumlichkeiten: 1 großer Raum oder Turnhalle
Material: pro Spieler 1 Umhang (Halstuch oder Stoffwindel), je Spieler 1 Stuhl, 1 Zauberstab, 1 alter Hut, 1 Seil oder Besenstiel
Spielleiter: Zauberhut, Zauberumhang, Zauberstab

Halli – Hallo. Schön, dass ihr heute alle gekommen seid. Ich darf euch nun ganz herzlich in der Zaubererschule „Sim-sa-la-klim" begrüßen. Ich bin der große Zauberer „Sim-sa-la-rums"! Und ihr seid nun für einige Zeit meine Zauberlehrlinge. Das bedeutet, dass ihr heute ein paar Zaubersprüche und Zaubertricks von mir lernen könnt. Haben alle Zauberlehrlinge gut aufgepasst und alle Aufgaben erfüllt, so erhalten sie am Ende unseres Zauberunterrichtes ein Zauberdiplom. Das ist eine Urkunde für besonders gut bestandene Prüfungen. Aber zuerst müssen wir ja aus euch noch richtige Zauberlehrlinge machen. Dazu gehört ein Zauberumhang, so wie ich auch einen habe.

Verteilung der „Zauberumhänge" (Halstücher, Stoffwindeln, …), pro Kind einen Umhang.

Am besten ihr verknotet euren Zauberumhang, dann verliert ihr ihn nicht so leicht. In der Zaubererschule wird nicht, wie üblich in einem Klassenzimmer gelernt, nein, sondern im Zauberwald. Deshalb machen wir heute eine kleine Reise durch den geheimnisvollen Zauberwald. Damit uns nicht gleich am Anfang ein Zauberlehrling verloren geht, laufen wir in einer Reihe hintereinander. Wir müssen nun einmal rechtsherum und linksherum laufen und da vorne einmal im Kreis. (Kinder bleiben im Kreis stehen.) So, wisst ihr eigentlich, wie ich einen Menschen herbeizaubern kann? Nein? Dann erkläre ich euch nun den Zauberspruch Nummer eins.

1. Spiel: „Mein rechter, rechter Platz ist frei, da zaubere ich mir die/den … herbei!"
Herbeizaubern

Material: pro Spieler 1 Stuhl und noch 1 zusätzlicher Stuhl

Die Stühle stehen im Kreis. Auf jeden Stuhl setzt sich ein Spieler (Zauberlehrling). Der Stuhl, der rechts vom Zauberer steht, ist frei. Der Zauberer beginnt nun die Zauberformel zu sprechen und klopft auf die Sitzfläche: „Mein rechter, rechter Platz ist frei, da zaubere ich mir die/den … herbei!" Daraufhin steht der gerufene Spieler auf und setzt sich auf diesen freien Stuhl. Wer jetzt links vom freien Stuhl sitzt, macht weiter und sagt ebenfalls die Zauberformel auf. Dies geht so weiter, bis alle Spieler mindestens einmal an der Reihe waren.

Jetzt haben wir uns alle einmal gegenseitig herbeizaubern können. Sind auch wirklich alle wieder hier? Ja, super! Dann gehen wir ein Stückchen weiter in den Zauberwald hinein. Hier im Zauberwald verstecken sich allerlei geheimnisvolle Lebewesen. Da gibt es Schildkröten mit Mäuseschwänzen und Papageien mit Elefantenrüsseln. Ja, die gibt es wirklich hier. Aber leider sind diese Lebewesen äußerst scheu und werden nur ganz selten gesehen. Auch mein Zaubergehilfe, der Rabe Rudolpho ist eines dieser seltenen Lebewesen. Aber wo steckt er denn nur? Habt ihr vielleicht Rudolpho, gesehen? Wo steckt denn dieser Schlingel schon wieder? Wollt ihr mir beim Suchen helfen? Raben sind eigentlich ganz wunderbare Tiere, sie können krähen und vor allem fliegen. Ach, wisst ihr was? Ich lehre euch schnell mal den Zauberspruch Verwandelfix! Dazu nehme ich meinen Zauberstab zur Hand und spreche folgenden Zauberspruch.

2. Spiel: „Sim-sa-la-krim, sim-sa-la-drein, Raben sollt ihr alle sein!" Verwandelfix
Material: 1 Zauberstab

Die Spieler sind im Raum verteilt, der Zauberer (Spielleiter) sagt seinen Zauberspruch auf und fuchtelt dabei mit dem Zauberstab herum. Daraufhin „verwandeln" sich alle Spieler in Raben und fliegen krähend durch den Raum. Der Zauberer gibt den Zauberstab nun an einen anderen Spieler weiter. Dieser sagt ebenfalls den Spruch auf, aber setzt ein anderes Tier ein, z. B. „Sim-sa-la-krim, Sim-sa-la-drein, Katzen sollt ihr alle sein!" So werden alle Spieler zu Katzen und krabbeln miauend (schnurrend) durch den Raum. Der Zauberstab wird immer an einen Spieler weitergegeben, der noch nicht an der Reihe war.

„Hokus-Pokus-Fidibus, jetzt ist aber wirklich Schluss!" So, mit dieser Zauberformel habe ich euch wieder in Zauberlehrlinge verwandelt. Wir müssen nun unserem Zauberpfad weiter folgen. Oh, da vorne wird der Weg ein wenig schmaler und vor allem der Wald dichter. Bleibt schön beieinander, dann kann niemand verloren gehen. (Ein Stück weiter laufen.) Ich sehe ja schon eine Lichtung auf uns zukommen, da kreuzt die Koboldstraße unseren Weg. Habe ich euch schon die Geschichte von den Kobolden erzählt? Nein? Dann wird es aber höchste Zeit. Die Kobolde leben mit uns Zauberern im Zauberwald. Und damit die Zauberer nicht immer so viel herumzaubern, lassen sich die kleinen Kobolde meistens etwas Lustiges einfallen. Sie versuchen die Zauberer mit allerlei Grimassen und Faxen zum Lachen zu bringen. Die Zauberer dürfen beim Zaubern nicht lachen, sonst funktioniert nämlich ihr Zauberspruch nicht. Daher müssen alle Zauberlehrlinge, die einmal große Zauberer werden wollen, durch die Koboldstraße laufen und dürfen dabei nicht lachen. Um alles gut sehen zu können, stellen wir uns am besten in zwei Reihen gegenüber auf.

3. Spiel: „Koboldstraße" Ohne zu lachen laufen die Zauberlehrlinge durch ein Spalier kleiner Kobolde, die Faxen und Grimassen schneiden.

Material: –

Die Spieler stellen sich in zwei Reihen gegenüber auf und bilden so die Koboldstraße. Jetzt läuft der erste Zauberlehrling durch diese Straße, möglichst langsam und ohne zu lachen (oder eine Miene zu verziehen). Die Kobolde aber versuchen alles, um durch Grimassen schneiden und witzige Bewegungen, die Lehrlinge zum Lachen zu bewegen. Das Berühren der Lehrlinge ist allerdings untersagt. Der Zauberlehrling, der durch die Koboldstraße gelaufen ist, stellt sich neben den letzten Spieler einer Reihe. In der Zwischenzeit hat sich der nächste Zauberlehrling bereitgemacht, um durch die Koboldstraße zu laufen. Sind alle Lehrlinge einmal durchgelaufen, endet das Spiel.

GESCHICHTE
SPIELKETTE

Das haben ja alle mehr oder weniger gut geschafft. Ihr habt ja gesehen, wie schwer es ist, ein guter Zauberer zu werden. Auch diese Aufgabe hat uns unserem Ziel, das Zauberdiplom zu erhalten, ein Stückchen näher gebracht.

Es gibt aber nicht nur freundliche und lustige Kobolde in unserem Zauberwald. Stellt euch vor, mir dem großen Zauberer Sim-sa-la-rums hat einmal ein ganz kleiner und gemeiner Kobold einen falschen Zauberhut untergejubelt. Das war eine Aufregung! Ich musste ganz schnell versuchen, den falschen Hut wieder los zu werden. So bin ich von vorne nach hinten, von hinten nach vorne, von rechts nach links und von links nach rechts durch den Wald gerannt und habe dem nächstbesten Zauberer den Hut in die Hand gedrückt. Der andere Zauberer wollte ihn aber auch nicht haben und so hat ihn jeder schnell wieder weitergegeben. Und immer wenn ein Donnerschlag zu hören war, musste der Zauberer, der den falschen Zauberhut in der Hand hatte, eine Bewegung vormachen.

GESCHICHTE
SPIELKETTE

4. Spiel: „Der falsche Zauberhut" Der Hut wird schnell weitergegeben, bei einem bestimmten Impuls darf der Inhaber des Hutes eine Bewegung vormachen, die alle nachmachen

Material: 1 alter (Zauber-)Hut (kann evtl. kaputtgehen, da das Spiel sehr lebhaft ist), Musik

Die Zauberlehrlinge stehen im Raum verteilt. Einer besitzt den Hut. Alle bewegen sich im Raum zur Musik. Beim Donnerschlag (Hieb auf eine Trommel) endet die Musik und der Spieler, der gerade den Hut hat, nennt eine beliebige Aufgabe. Beispiele: durch den Raum hüpfen, wie Schlangen kriechen, Hampelmann machen, sich dreimal im Kreis drehen, in alle Ecken rennen, zwei Leuten die Hand geben, … Die Musik beginnt wieder und alle laufen durch den Raum. Das ganze wird einige Male wiederholt.

⌂ GESCHICHTE

Damit wir nicht tagelang diesen falschen Hut weitergeben müssen, werde ich versuchen ihn wegzuzaubern. Dabei wäre es gut, wenn ihr mal ganz leise sein könntet, denn ich muss mich sehr konzentrieren. Dies ist eine meiner schwierigsten Zauberformeln. „Grummel-grummel-Kräuterspeck, alle falschen Hüte sind jetzt weg!" (Hut einfach hinter sich oder in eine Mülltonne werfen.) So nun haben wir dem kleinen, gemeinen Kobold aber mal gezeigt, was Zauberer so alles können.

Auf geht's, wir sind schon spät dran. Es wird bald dunkel werden und eine Prüfung wartet noch auf uns. Das wird fast unsere schwerste Aufgabe sein. Wir müssen uns jetzt ganz vorsichtig an ein Hexenhaus heranschleichen. Da wohnt die böse Hexe Rumpelmurks. Mit dieser Hexe ist nicht zu spaßen. Vor ein paar Tagen bin ich mit meinem Flugbesen unterwegs und plötzlich – ein Ruck, ein Knick, ein Knacks – ich konnte mir meinen Flugbesen von unten ansehen. Da hatte die Hexe Rumpelmurks nicht auf ihren Flugplan geschaut und ist einfach in meinen Flugbesen hineingesaust. Und zu allem Übel, hat sie mir meinen einzigen Flugbesen abgenommen und mich auch noch frech ausgelacht. So eine gemeine Hexe, meint ihr nicht auch? Nachdem ihr ja schon richtige, tapfere Zauberlehrlinge seid, habe ich mir gedacht, mit euch zur Hexe Rumpelmurks zu schleichen und mir meinen Flugbesen zu schnappen. Mein Flugbesen ist so lang, dass wir alle auf ihm sitzen und damit zur Zauberschule zurückfliegen können. (Zauberer schleichen sich an ein imaginäres Hexenhaus an, schnappen einen „Flugbesen" und eilen davon.)

5. Spiel: „Der flotte Flugbesen" Alle sitzen auf einem „Besenstiel" und machen gemeinsam Flugbewegungen.

Material: entweder 1 langer Besenstiel oder 1 langes Seil, geht aber auch ohne Material

Der Zauberer (Flugkapitän) sitzt ganz vorne, die Lehrlinge sitzen in einer Reihe hintereinander auf dem Besen, der am Boden liegt. Nun beginnt der Zauberer und macht Flugbewegungen vor, die von den anderen nachgemacht werden müssen. Beim Fliegen können die Arme seitlich ausgestreckt werden. Beispiele: alle anschnallen, festhalten, wir heben gleich ab, Achtung Rechtskurve, Linkskurve, oh, ein Luftloch, … Am Ende folgt die Landung, das Abschnallen und Absteigen von dem Flugbesen.

⌂ GESCHICHTE

Ah, geschafft! Die lange Flugreise ist nun zu Ende. Alle Zauberlehrlinge bitte abschnallen und aussteigen! Nach dieser aufregenden Reise müssen wir erst mal unsere Zauberumhänge abnehmen und ausschütteln. Legt sie bitte in die Zauberkiste hinein. Und nun, meine Lieben, darf ich euch in den Kreis der Zauberer aufnehmen, denn ihr habt eure Aufgaben prima erledigt. Das Zeichen des Zauberkreises ist das Zauberband. Diese darf ich euch nun mit eurem Zauberdiplom überreichen.

Zauberer überreicht die Zauberbänder (z. B. aus Wolle) und erklärt deren magische Bedeutung.

Das Band hat eine ganz besondere Bedeutung. Es kann, wenn du es einmal nach rechts und einmal nach links drehst, dir Mut machen. Somit wächst der Mut für besonders schwierige Aufgaben in dir. Ich, der große Zauberer Sim-sa-la-rums, verabschiede mich jetzt von euch, denn die nächsten Zauberlehrlinge warten bereits auf mich. Mir hat es viel Spaß gemacht, euch durch den Zauberwald zu führen und hoffe, ihr besucht mich irgendwann mal wieder im Zauberwald.

EIN TAG IM LEBEN DER STÖRCHE

Alter: 5 bis 7 Jahren
Anzahl der Spieler: 10 bis 20
Räumlichkeiten: 1 großer Raum, evtl. im Freien
Material: Musik, Stuhlkreis, je Spieler 1 vorbereitetes Kärtchen mit Storchenweibchen und -männchen, 1 größerer Baustein, viele Streichhölzer, große Mappe oder Rolle, verschiedene Bilder mit Tieren und anderen Dingen aus Afrika, Klebeband, 1 großer Würfel
Spielleiter: Kittelschürze und Namensschild

Herzlich willkommen! Hallo Kinder! Ich freue mich sehr, dass ihr mich heute einmal in unserem schönen Storchenmuseum besucht. Mein Name ist Andreas Humboldt und ich bin einer der hier angestellten Ornithologen, das sind Wissenschaftler, die Vögel beobachten und ihre Verhaltensweisen herausfinden wollen. In den nächsten ein bis zwei Stunden darf ich euch durch das Museum führen. Falls ihr also Fragen habt, dann nur heraus damit.

Außerdem steht euch heute etwas ganz Besonderes bevor. Wir werden endlich die Ergebnisse unserer langjährigen Forschungsarbeiten über das Leben der Störche veröffentlichen können. Und wir haben heute alle die Gelegenheit, die Störche auf einem kleinen Teil ihres Lebens zu begleiten. Dazu ist es allerdings notwendig, sich einmal in richtige Störche hineinzuversetzen.

1. Spiel: „Wir sind Störche" Kinder laufen durch Raum, bei Musikstopp Aufgabe erfüllen.

Material: Musik

Die Spieler gehen zur Musik durch den Raum. Stoppt die Musik, gibt der Spielleiter eine Aufgabe vor, die von den Spielern erfüllt werden muss.
Zum Beispiel:

- wir stolzieren wie die Störche
- die Störche begrüßen sich mit ihren langen Schnäbeln
- die Störche begrüßen sich mit ihren Flügeln
- die Störche klappern mit ihren langen Schnäbeln
- die Störche fliegen
- die Störche versuchen Frösche zu fangen
- die Störche schütteln ihre Flügel und Beine aus

Wie wir alle sehen konnten, gibt es die unterschiedlichsten Arten von Störchen. In unserer Gegend finden wir vor allem weiße Störche, aber auch schwarze Störche leben hier, doch die sind sehr selten zu beobachten. Die Storchenmännchen erkennt ihr an ihrem hohen schwarzen Haar, das fast wie ein Hut oder Zylinder aussieht. Sie suchen sich, wie

fast alle anderen Tiere, im Laufe ihres Lebens ein Weibchen. Diese sind hauptsächlich an ihren farbigen Halsfedern zu erkennen. Dazu klappern die Männchen mit ihren langen Schnäbeln ganz langsam und stolz, die Weibchen hingegen ganz schnell vor Aufregung.

GESCHICHTE

2. Spiel: „Storchenpaare bilden" Je ein Storchenmännchen sucht ein Storchenweibchen.

Material: vorbereitete Karten (insgesamt so viele wie Mitspieler) mit je 1 Storchenmännchen oder 1 Storchenweibchen darauf

Jeder Spieler nimmt sich ein Kärtchen und sucht sich das andere Storchengeschlecht. Die Männchen klappern dabei langsam und stolz mit ihrem langen Schnabel, die Weibchen vor Aufregung dagegen schneller. Haben sich alle Paare gebildet, werden die Kärtchen entweder auf der Kleidung befestigt oder an die Seite gelegt.

GESCHICHTE
SPIEL

Nachdem wir nun genau beobachten konnten, wie sich die Storchenpaare gefunden haben, werden wir weitere Beobachtungen vornehmen können. Denn jetzt beginnt erst die richtige Balz, die Paarungsspiele. Hat ein Männchen erst einmal ein Weibchen gefunden, beginnt es ihr bestimmte Dinge zu zeigen.

GESCHICHTE

3. Spiel: „Balzspiel" Ein Storch gibt Bewegung vor, der andere macht mit, dann Wechsel.

Material: –

Die Storchenpaare stellen sich gegenüber auf. Sie halten sich an ihren Flügeln (Händen) fest. Das Storchenmännchen beginnt und macht nun einige Bewegungen vor, das Storchenweibchen folgt diesen Bewegungen. Nach einer Weile werden die Rollen getauscht. Das Weibchen führt und das Männchen folgt. Danach kann zwischen Führen und Folgen abgewechselt werden.

GESCHICHTE
SPIELKETTE

Die Störche haben sich nun ausgiebig kennen gelernt und sind davon ganz hungrig geworden. In der Regel ist immer ein Storch für die Futtersuche zuständig. Doch wie es bei den jungen Paaren heute so ist, gehen sie gemeinsam auf die Futtersuche. Schon bald entdecken wir einen Weiher im nahe gelegenen Wald. Dort wimmelt es nur so vor lauter kleinen grünen Fröschen, welch ein Festschmaus. Doch halt! Was war das für ein Geräusch? Das können ja fast nur Urlauber sein, die mit ihren Fotoapparaten die Störche verjagen.

GESCHICHTE

4. Spiel: „Urlauber – Storch – Frosch" Zwei Gruppen knobeln miteinander.

Material: –

Die Spieler teilen sich in zwei Gruppen auf. Der Spielleiter gibt drei verschiedene Figuren vor und stellt diese einmal pantomimisch dar. Die Gruppen machen dies nach und stellen sich dann gegenüber auf. Jede Gruppe überlegt sich nun, welche der drei Figuren sie darstellen will. Auf 1, 2, 3 laufen die Gruppen aufeinander zu, bleiben in der Raummitte stehen und stellen „ihre" Figur dar. Die Gruppe, die gewonnen hat, erhält einen Punkt.

Urlauber → verjagt den Storch – Urlauber hält Kamera hoch und macht klick-klick
Storch → frisst den Frosch – Storch macht langen Schnabel auf und zu
Frosch → vergrault den Urlauber – Frosch hüpft auf und nieder

GESCHICHTE

Uff, geschafft. Jetzt haben wir endlich wieder unsere Ruhe und können uns unserer Futtersuche widmen.

Wie viele andere Vögel auch, haben die Störche die Gewohnheit sich südliche Winterquartiere zu suchen und diese zu beziehen. Erst im kommenden Frühjahr kehren sie in die nördlichen Brutgebiete zurück. Dieser Zugtrieb und die Zugrichtung sind den Störchen angeboren. Der Flug erfolgt oft in Scharen, manchmal ziehen sie auch einzeln weg. In der Regel suchen sie sich Afrika als Winterquartier aus. Vögel haben in der Regel ein sehr gutes Gehör, ein weniger gutes Auge und einen noch viel schlechteren Geruchssinn. Damit die Störche dort auch sicher ankommen, haben wir herausgefunden, dass die Bewohner Afrikas ihnen mit ihren Trommeln den Weg trommeln.

GESCHICHTE

5. Spiel: „Afrikanisch Trommeln" Kinder sitzen im Kreis und trommeln auf ihre Beine.

Material: Stuhlkreis oder im Kreis am Boden sitzend

Die Spieler sitzen im Stuhlkreis. Die Hände werden jeweils auf die eigenen Oberschenkel gelegt. Der Spielleiter beginnt mit Trommeln, dazu klopft er sich mit der rechten Hand einmal auf den rechten Oberschenkel und einmal auf den linken Oberschenkel. Der nun links sitzende Spieler ist an der Reihe und klopft sich mit der rechten Hand auf den rechten Oberschenkel und mit der linken Hand auf den linken Oberschenkel. Dies geht solange in dieser Richtung weiter, bis ein Spieler zweimal auf einen Oberschenkel klopft. Das bedeutet dann Richtungswechsel. Die Spieler klopfen solange auf ihre Oberschenkel, bis alle Störche den richtigen Weg gefunden haben. Wer einen Fehler macht, legt die entsprechende Hand auf den Rücken. Hat ein Spieler beide Hände auf dem Rücken, so wird dieser übersprungen.

GESCHICHTE

Damit die Störche sich von ihrem langen Flug ausruhen können, wollen wir sie beim Nestbau gut unterstützen. Als Grundlage dient in der Regel ein kräftiges Holzstück. Es wurde beobachtet, dass ein Teil des Nestes darauf aufgebaut wird, dann ein kleiner Teil von den Störchen wieder weggenommen wird, um danach wieder weiter zu bauen. Das hört sich zwar etwas komisch an, doch bisher haben alle Nester gut gehalten. Weiterhin konnten wir beobachten, dass sich nie alle Störche auf ein Nest stürzen, um dort zu bauen, sondern das dies nach bestimmten Regeln vor sich geht.

GESCHICHTE

6. Spiel: „Wir bauen ein Storchennest" Alle Kinder bauen gemeinsam ein Storchennest.

Material: 1 größerer Baustein, pro Spieler ca. 10 Streichhölzer, Stuhlkreis

In der Mitte des Kreises liegt der Baustein. Daneben liegen viele Streichhölzer. Die Streichhölzer sollen möglichst geschickt auf dem Baustein platziert werden. Es dürfen allerdings nur die Spieler ein Hölzchen nehmen und ablegen bzw. aufnehmen, bei denen die Aussagen des Spielleiters zutreffen. Beispiele:

Alle Spieler legen ein Streichhölzchen ab, die
- heute eine Jeans anhaben
- in diesem Monat Geburtstag haben
- blaue Augen haben
- eine Brille tragen
- ein Halstuch oder Kopftuch tragen

Alle Spieler nehmen ein Streichholz weg, die
- gerne in der Nase bohren
- die Kaugummi kauen
- heute noch keine Zähne geputzt haben

Es wird zwischen Ablegen und Aufnehmen immer wieder abgewechselt, jedoch insgesamt lässt man mehr Streichhölzer ablegen, damit das Storchennest bald fertig ist. Wirft ein Spieler ein paar Streichhölzer hinunter, so baut er einen kleinen Teil wieder auf, der Rest wird auf den Streichholzstapel gelegt.

GESCHICHTE

Jetzt sitzen die Störche zufrieden in ihrem Nest und ruhen sich von dem anstrengenden Flug aus, dabei beobachten sie ihre Umgebung. Doch was sind denn das für seltsame Tiere und Dinge, die sie sehen? Könnt ihr sie erraten?

GESCHICHTE

7. Spiel: „Afrika entdecken" Bilder Stück für Stück zeigen, Kinder sollen diese erraten.

Material: 1 große Mappe oder Rolle, verschiedene Bilder (Fotos) mit Tieren oder anderen bekannten Dingen aus Afrika, Klebeband

Aus der großen Mappe oder Rolle werden ganz langsam, Zentimeter für Zentimeter, die Bilder herausgezogen. Die Spieler sollen so bald als möglich erraten, um welches Tier (oder welche anderen Dinge) es sich hier handelt. Die Bilder werden anschließend an die Wand geklebt.

GESCHICHTE

So, nun haben sich die Störche an ihr neues Quartier gewöhnt und die Umgebung, dank eurer guten Hilfe, schon ein bisschen kennen lernen können. Doch wie ich sehe, bereiten sich die Störche nun auf ihre Abendgymnastik vor. Wollt ihr auch gerne einmal dabei sein? Also dann steht auf und macht alle mit.

GESCHICHTE

 8. Spiel: „Storchengymnastik" Je nach gewürfelter Augenzahl wird eine bestimmte Bewegung gemacht.

Material: 1 großer Würfel

Die Spieler würfeln der Reihe nach. Je nach geworfener Augenzahl wird eine bestimmte Bewegung/gymnastische Übung gemacht – und zwar von allen Spielern.
1 = rechtes Bein hochheben
2 = linkes Bein hochheben
3 = rechten Flügel hochheben
4 = linken Flügel hochheben
5 = Flugbewegungen machen und Zunge rausstrecken
6 = in kleinem Kreis hüpfen und didum, didum, didum sprechen/singen
Nach ein paar Runden kann ein zweiter Würfel hinzu genommen werden und so die Anzahl der Bewegungsmöglichkeiten erweitert werden.

GESCHICHTE

Ganz müde und geschafft von der weiten Reise und der abschließenden Gymnastik darf ich mich bei euch nun verabschieden und wünsche euch allen einen guten Nachhauseweg. Es hat mich sehr gefreut, dass ihr so interessiert und neugierig meinen Forschungsuntersuchungen gelauscht habt.

GESCHICHTE

Internationale Feste

Spiele aus aller Welt können zu verschiedenen Anlässen eingesetzt werden. Eine gute Möglichkeit auf internationale Spiele zurückzugreifen stellen die verschiedenen, kulturspezifischen Feste und Feiertage dar. Es gibt viele Feste, die in den Herkunftsländern der Migranten eine besondere Bedeutung haben und von zugewanderten Familien auch hier zelebriert werden. Häufig haben sich aber die Bedeutung und die Gestaltung der Feste in der Migration verändert. Es lohnt sich also, das individuell herauszufinden! Die nachfolgende Auflistung entsprechender Feste stellt eine kleine Auswahl dar. Immer wieder sind es die Kinder, die dabei eine besondere Rolle spielen.

Deutschland – Nikolaustag

Am 6. *Dezember* wird in Deutschland ein Fest zu Ehren des heiligen Nikolaus gefeiert. Nikolaus war Bischof von Myra, einer kleinen Stadt in Vorderasien. Er zählt zu den wichtigsten Heiligen in der griechisch-katholischen Kirche. Er wurde auch zum Schutzheiligen der Kinder ernannt, da er einmal drei Jungen wieder zum Leben erweckt haben soll und drei Mädchen mit goldenen Kugeln beschenkte. Um seine Person herum entstanden verschiedenen Legenden und Brauchtümer. So stellen die Kinder am Vorabend des 6. Dezembers ihre Stiefel (oder einen Teller) vor die Türe oder ans Fenster und hoffen, dass sie in der Nacht gefüllt werden.

Gemeinsam werden am 6. Dezember Nikolauslieder gesungen, Gedichte aufgesagt, Tee getrunken und Pfefferkuchen verspeist.

Griechenland – Fest des heiligen Wassilius (Vasilius)

Der *1. Januar* ist das wichtigste Kinderfest in Griechenland, denn der heilige Wassilius bringt ihnen Geschenke. Jeder soll ein neues Kleidungsstück an diesem Tag anhaben. Mit dem Kálanda-Singen (Lieder zu Ehren des Heiligen) beginnt das Fest am Vorabend, die Kinder ziehen durch die Straßen und erhalten kleine Geschenke. In der Silvesternacht werden auch in der Familie diese Lieder gesungen. Ebenfalls werden Spiele durchgeführt, die das Schicksal befragen. Walnüsse knacken (leere bringen Unglück), Granatäpfel durchschneiden (viele Kerne bringen Reichtum). Der Wassilópita (Neujahrskuchen) wird um Mitternacht angeschnitten. Darin ist eine Münze eingebacken, wer sie findet, hat im kommenden Jahr Glück.

Großbritannien – Bon-fire-Day

Am *5. November* wird in Großbritannien der Bon-fire-Day begangen. Im Garten werden Freudenfeuer angezündet und Kartoffeln gebraten. Hinterher gibt es noch ein paar Kuchen und meist Sahnebonbons. Die Kinder ziehen mit ihren gebastelten Puppen durch die Straßen. Überall da, wo sie eine Kleinigkeit, Geld oder Süßigkeiten geschenkt bekommen, werfen sie ihre Puppe mithilfe einer Decke in die Luft, um sie anschließend mit dieser wieder aufzufangen.

Indien – Holi

Holi, das Frühlingsfest ist eines der wichtigsten indischen Feste. Es wird in ganz Indien gefeiert (meist im Februar) und ist eine Art Karneval. Es wird die Überwindung des Winters, die Geburt des Frühlings und das Aufblühen der Natur gefeiert.

Mit dem Ruf: „Holi-hai (Es lebe Holi)!" beginnt das Fest. Die Menschen bespritzen ihre Kleider mit Wasserfarben, die Gesichter und Haare werden mit weißem Puder bestäubt. Jeder bespritzt jeden; Arme und Reiche, Junge und Alte beteiligen sich. Dabei scheinen Kasten, Religionen oder Rassen vergessen zu sein. Es herrscht „Narrenfreiheit".

Italien – Epiphania

Ursprünglich war der *6. Januar* der Tag, an dem die Kinder ihre Geschenke bekamen. Heute wird der erste Sonntag im Jahr zu diesem Tag gemacht, da der 6. Januar kein offizieller Feiertag mehr ist. La Befana, eine liebe und alte Hexe, brachte die Geschenke, sie ritt auf ihrem Besen von Haus zu Haus und trug einen Sack bei sich. Die Kinder hängen am Vorabend Strümpfe in den Kamin oder stellen Schuhe vor die Türe, damit Befana die Geschenke (Kekse, Spielsachen, …) hineinfüllen kann. Kinder, die nicht brav gewesen sind, finden nur Kohle in ihren Schuhen und Strümpfen. Es werden Lieder gesungen, Gedichte und Geschichten erzählt und natürlich auch etwas von den Süßigkeiten genascht.

Japan – Mädchenfest am 3. März – Jungenfest am 5. Mai

Das Mädchenfest, auch als Puppenfest bekannt, wird immer am *3. März* als eine Art Frühlingsfest gefeiert. Es werden Puppen und Puppenpyramiden aufgestellt, meist sind diese sehr kostbar. Die Mädchen bastelten Puppen aus Papier, die am Ende des Festes in den Fluss geworfen werden. Das sollte den bösen Geist mitnehmen; die Mädchen sollten gesund bleiben und eine glückliche Zukunft haben. Pfirsichblüten dienen als Schmuck und sind überall zu finden. Meist erzählt die Großmutter Geschichten. An diesem Fest gibt es immer einen grünen Kuchen, der „kusamochi" heißt. Wegen seiner grünen Farbe erinnert er wahrscheinlich an die neuen, unschuldigen Knospen im Frühling und damit an mädchenhafte Jugend.

Das frühere Jungenfest, heute auch Kinderfest genannt, findet traditionell am *5. Mai* statt. Es soll den Jungen Glück und Gesundheit bringen. An diesem Tag werden überall Karpfen aufgehängt. Die Japaner bewundern seinen Mut und Durchhaltevermögen, wenn er sich gegen den Strom seinen Weg flussaufwärts bahnt, um zu den Laichplätzen zu gelangen. Sie machen ihn zum Symbol der männlichen Stärke, des Ehrgeizes und der Ausdauer. Die Karpfen werden meist aus Papier und Stoff gebastelt und an Stäben aufgehängt, damit sie im Wind flattern können und sind überall zu sehen. An diesem Tag wird ein süßer, in Eichenblätter gewickelter Kuchen verschenkt. Eichenblätter fallen erst, sobald im Frühling neue Blätterknospen hervorkommen und symbolisieren daher ein langes Leben und die Kontinuität der Generationsfolge in einer Familie.

Beide Feste werden vorwiegend in den Familien gefeiert, es wird sich gegenseitig besucht und meist Süßigkeiten verschenkt. Beide Tage sind in Japan gesetzliche Feiertage, so dass auch die Eltern und Verwandten zu Hause sein können.

Lappland – Marienfest

Lappland ist kein eigener Staat. Damit wird vielmehr die Gegend bezeichnet, in denen die Lappen oder auch Samen wohnen. Die Lappen sind Menschen, die mit ihren Familien in der nördlichsten Landschaft von Europa leben und Rentiere züchten. Lappland gehört zu Norwegen, Schweden, Finnland und Russland. Im Winter ist es zwei Monate lang fast völlig dunkel, auch tagsüber. *Ende März* aber, wenn im Frühjahr die Tag-und-Nachtgleiche kommt, werden die Tage wieder länger. Dann wird das große Marienfest gefeiert. Die Mütter übernehmen meist den Hauptteil der Vorbereitungen. Es wird gekocht und gebacken, aber auch neue Kleider genäht. Man trifft sich mit vielen Verwandten und Freunden, zumeist im nächst größeren Ort, wo Veranstaltungen angeboten werden. Neben Spielen für die Kinder, werden Rundflüge angeboten, Musik gespielt und vieles mehr.

Marokko – Achüra

Achüra ist ein Kinderfest, auch Zuckerfest genannt. Das Zuckerfest (türk. Scheker Bayram) dauert drei Tage. Es ist ein Fest der Muslime und wird am *Ende der Fastenzeit Ramadan* gefeiert. Die Leute kaufen sich neue Kleider. Kinder werden beschenkt und besonders verwöhnt. Die Mädchen bekommen glänzende Bänder in die Haare geflochten. Es besuchen sich die Freunde und Verwandte und machen sich gegenseitig Geschenke, sie versuchen zu ihren Mitmenschen gut zu sein. Gemeinsam gehen sie in die Moschee und beten miteinander. Es wird zusammen gegessen und getrunken. Die Frauen kochen ganz besondere Speisen und backen viel Kuchen. Sie fertigen Süßigkeiten aus Datteln, Feigen, Mandeln und mit viel Honig. Wenn es richtig Nacht ist, wird ein riesiges Feuer angezündet (das Holz tragen die Jungen und Männer schon einige Zeit vorher zusammen). Einige bringen ihre Instrumente mit, es wird musiziert, gesungen und getanzt.

Norwegen, Finnland, Schweden – Midtsommerfest/Dänemark – St. Hans, Midsommar

Das Mitsommerfest wird immer am *24. Juni* begangen, beziehungsweise am Vorabend. An diesem Tag hat die Sonne ihren höchsten Stand erreicht. Das Licht der Sonne strahlt an keinem Tag im Jahr länger. Die Tage danach werden langsam wieder kürzer. An diesem Tag ist es Brauch, die Sonnenwende mit Feuern festlich zu begehen. Vielerorts werden kleine Lagerfeuer errichtet. Die Kinder rösten sich Stockbrot und Würstchen über dem Feuer und singen gemeinsam Lieder. Die Familien sind bis spät in die Nacht hinein unterwegs. Die Feuer werden meist erst gegen 23 Uhr, wenn es langsam dunkel wird, angezündet. Im Norden von Norwegen, Finnland und Schweden wird es in dieser Nacht überhaupt nicht dunkel. Ganz mutige Kinder und Jugendliche wagen es, über die Flammen zu springen, das soll Krankheit und Unheil von einem abwenden. Anschließend wird oft um das Feuer herum getanzt. Früher wurde so die Abwehr des Bösen beschworen.

Polen – Andreastag

Am *30. November* wird in weiten Teilen Polens der Andreastag gefeiert. Zum einen haben an diesem Tag viele Jungen und Männer Namenstag, zum anderen wird das Ende des Kirchenjahres verabschiedet bzw. das neue Kirchenjahr begrüßt – ähnlich wie bei uns an Silvester. Spiele werden gespielt und flüssiges Wachs in eine Schüssel kaltes Wasser gegossen, ist das Wachs erstarrt, so werden die verschiedenen Figuren gedeutet. Die Familien treffen sich zu einer großen Feier mit Festessen. Das Fest endet mit einem Feuerwerk zu später Stunde.

Schweden – Das schwedische Lichterfest

Am *13. Dezember* wird das Luziafest gefeiert. Es ist der Tag der heiligen Luzia, die in Erzählungen häufig mit einem Lichterkranz dargestellt wird, daher auch Lichterfest. Im Mittelalter begann an diesem Tag die vorweihnachtliche Fastenzeit. Der Luziatag ist auf die Wintersonnenwende zurückzuführen. Es ist der kürzeste Tag, danach werden die Tage wieder ein klein wenig länger, die Nächte dafür ein bisschen kürzer. Heute ziehen die Kinder singend (Adventslieder) und mit Lichtern, meist Kerzen, in der Hand durch die Straßen und bringen Licht in das Dunkel der Nacht. Sie haben dabei lange, weiße Gewänder und Kleider an. In vielen Dörfern und Städten wird das schönste Mädchen, meist eines mit blonden langen

Haaren, zur Luzia gekrönt. Sie erhält einen Kranz mit brennenden Kerzen, der auf dem Kopf getragen wird. In den Familien bringt das jüngste Kind (Tochter) den Eltern das Frühstück ans Bett und singt das Luzialied. Es werden „Lusekatten", das ist selbst gebackenes Gebäck verteilt. Abends findet ist in den Familien ein gemütliches Beisammensein mit Glühwein und Lusekatten statt. Oft werden Freunde, Nachbarn oder Verwandte mit eingeladen.

Schweiz – Schulsilvester

Schulsilvester wird immer am *letzten Schultag vor den Weihnachtsferien* im Dezember gefeiert. Die Kinder und Lehrer lassen sich allerlei lustige Späße einfallen. Bereits ab 4 Uhr früh morgens ziehen die Schulkinder durch die Straßen und wecken mit allerlei Geratter, Geknatter, Gerassel, Getrommel und mit Schellen die Schlafenden auf. Das alte Schuljahr wird in einer Art und Weise ausgeläutet, wie es üblicherweise in der Schule gar nicht erlaubt ist. In der Schule selber wird ausgelassen weiter gefeiert. Es finden Spiele, Lieder und Tänze statt, ganz anders als im normalen Unterricht.

Türkei – Çocuk Bayramı – Kinderfest

Am *23. April* wird in der Türkei ein nationales Fest gefeiert, das Çocuk Bayramı (in Deutsch: Kinderfest). 1920 fand die erste Nationalversammlung statt. Mustafa Kemal berief diese Sitzung ein und widmete diesen Tag den Kindern, denn ihnen gehöre die Zukunft. An diesem Tag übernehmen die Kinder symbolisch die Macht im Land (Parlamentsvorsitz, Rolle des Schuldirektors, ...). Die Kinder stehen an diesem Tag im Mittelpunkt, es werden öffentliche Feiern veranstaltet. Die Schüler ziehen, meist in Begleitung der Lehrer, durch die Straßen zum Festplatz. Dabei zeigen sie verschiedene Trachten und Kostüme, die unterschiedliche Berufe darstellen. Die Kinder haben Gedichte, Lieder und Theaterstücke einstudiert und führen diese in der Öffentlichkeit den Eltern und Verwandten vor. Außerdem werden Spiele, wie Tauziehen und Sackhüpfen, organisiert, Süßigkeiten verteilt und Musik gespielt (Kapelle), etwas zum Essen und Trinken angeboten. Den Kindern soll bewusst gemacht werden, dass sie selber Verantwortung übernehmen können und dürfen.

USA – Halloween

Ein amerikanisches Kinderfest heißt Halloween. Es wird am *31. Oktober*, in der Nacht zum 1. November gefeiert. Halloween ist ein bisschen mit Fasching zu vergleichen. Die Kinder, aber auch Erwachsene, verkleiden sich zumeist als Geister, Zauberer, Hexen, Skelette, Vampire, Gespenster oder als andere zumeist unheimliche, aber lustige Gestalten. Die Kinder ziehen durch die Straßen von Haus zu Haus und rufen: „Trick or treat" (Streich oder Geschenk). Daraufhin erhalten sie von den Leuten etwas Süßes oder andere Kleinigkeiten geschenkt. Wer nichts gibt, bekommt einen Streich gespielt. Aus Kürbissen werden Laternen gebastelt. Sie werden ausgehöhlt, bekommen Gesichter hineingeschnitzt und eine brennende Kerze ins Innere gestellt. Orange, wie die Kürbisse, und Schwarz, wie die Hexen, sind die Farben, die am häufigsten zu sehen sind. Es werden lustige Spiele gemacht, Hexen- und Geisterlieder gesungen, getanzt, gelacht, allerhand Schabernack getrieben und natürlich auch etwas gegessen (Kürbis-, Apfelkuchen) und getrunken. Ursprünglich (vor über 2000 Jahren) wurde am 1. November das neue Jahr begrüßt und davor ausgiebig gefeiert. Um die Hexen, Geister und Dämonen zu verscheuchen und zu vertreiben, verkleideten sich die Menschen und zündeten große Feuer an.

Tipps für weiterführende Literatur

Einige Bücher und Materialien haben für dieses Buch Gedankenanstöße und Anregungen geliefert. Darüber hinaus haben wir die nun folgende Liste ergänzt und möchten sie gerne an alle Personen weitergeben, die sich für Interkulturelles Lernen und Spielen interessieren. Auch wenn die Medien sorgfältig ausgewählt wurden, so besteht dennoch kein Anspruch auf Vollständigkeit.

1. Interkulturelles (Multikulturelles) Lernen

1.1. Theorie

- Akpinar, Ü.; Zimmer, J.: Von wo kommst'n du?. Band 1–3, Kösel Verlag 1984
- Böhm, Dietmar; Böhm, Regine; Deiss-Niethammer, Birgit: Handbuch Interkulturelles Lernen. Theorie und Praxis für die Arbeit in Kindertageseinrichtungen, Verlag Herder, Freiburg im Breisgau 1999
- Götz, Alexandra-I: Willst Du wissen, wie das auf türkisch heißt? Zum Umgang mit Zweisprachigkeit in Kindertageseinrichtungen. In: Kindergarten heute, Heft 4/1996, S. 32–35
- Haider, Elisabeth: Zweitsprachenerwerb im Kindergarten. In: Unsere Kinder Heft 2/1996, S. 31–32
- Heuchert, Lucija: „Sie müssen doch Deutsch lernen!" Vom Umgang mit Mehrsprachigkeit im Kindergarten, Mannheim 1994
- Heuchert, Lucija: Materialien zu interkulturellen Erziehung im Kindergarten. Band 3: Zweisprachigkeit. Berlin 1989
- Johann, Ellen; Michely, Hildegard; Springer, Monika: Interkulturelle Erziehung. Methodenhandbuch für sozialpädagogische Berufe, Cornelsen Verlag, Berlin 1998
- Militzer, Renate: Interkulturelle Erziehung – Eine Herausforderung für die Kindertagesstätte. In Kita aktuell BW Heft 10/1998, S. 200–205
- Wondruschka, Mario: Die Mehrsprachigkeit des Menschen. München/Zürich 1997
- Zimmer, Dieter: So kommt der Mensch zur Sprache. München 1994

1.2. Praxis (Materialien, z. B. Spiele, Bilderbücher, Sachbücher, …)

- Bahar und die Gazelle. Ein deutsch-türkisches Märchen (Videokassette). Ein Spielfilm zur Realität und Märchen, mit Begleitheft, Beltz Verlag, Weinheim und Basel 1992
- Befana und der Hexenbesen (Tonkassette). Eine Tonkassette mit Hexengeschichten und Zaubereien aus Italien und Deutschland, mit Begleitheft, Beltz Verlag, Weinheim 1992
- Die diebische Elster – La gzza ladra (Videokassette). Ein italienischer Trickfilm mit Rahmenhandlung, mit Begleitheft „Wenn Bilder zu Geschichten werden", Beltz Verlag 1991, Weinheim und Basel
- DJO – Deutsche Jugend in Europa (Hrsg.): „Wieviel goldene Teller …?" (Blätter zur Kulturarbeit, Folge 73/74) Spielend lernen mit der rußlanddeutschen Dichterin Nora Pfeffer, Lieder, Spiele und Rätsel für Kinder, DJO Bonn, 1995
- Dörrich, Sabine; Deutsche Welthungerhilfe (Hrsg.): Guck mal übern Tellerrand. Lies mal, wie die anderen leben. Peter Hammer Verlag Wuppertal 1992
- Große-Oetringhaus, Hans-Martin: Nini und Pailat. Geschichten aus Papua-Neuguinea, Verlag Simon & Magiera 1984
- Hoffmann, Klaus W.: So singt und spielt man anderswo. Kinderlieder und Kinderspiele aus Griechenland, Italien, der Türkei und Spanien, AKTIVE MUSIK Verlagsgesellschaft mbH, Dortmund 1992

- Hoffmann, Klaus W.; Müller, Hildegard: Die schönsten Kinderlieder aus aller Welt. Zum Singen, Tanzen und Spielen, Arena Verlag, Würzburg 1994
- Hüsler-Vogt, Silvia: Tres tristes tigres …/Drei traurige Tiger … Zaubersprüche, Geschichten, Verse, Lieder und Spiele für die mehrsprachige Kinder (Garten)-Gruppe, Lambertus-Verlag, Freiburg im Breisgau 1987
- Keloğlan und der Riese (Tonkassette). Märchen in deutscher und türkischer Sprache, mit Begleitheft „Zwischen Keloğlan und Rotkäppchen", Beltz Verlag 1991, Weinheim und Basel
- Kindersley, Anabel; Kindersley, Barnabas: Kinder aus aller Welt. In Zusammenarbeit mit Unicef, Loewe Verlag, Bindlach 1995
- Mai, Manfred; Jaquet, Gertie: Wir sind die Kinder dieser Welt. Geschichten und Informationen, Spiele und Basteltips, Arena Verlag/Unicef, Würzburg 1995
- Nasrettin Hoca im Wanderkino (Videokassette). Türkische Zeichentrickfilme mit Rahmenhandlung, mit Begleitheft „Nasrettin Hoca zwischen Türkei und Deutschland", Beltz Verlag, Weinheim und Basel 1992
- Okay, Erman: Eins von mir – eins von dir/Bir benden – bir denden. Deutsche und türkische Spiele und Lieder. Eine Tonkassette für Kinder – mit Begleitheft, Beltz Verlag, Weinheim und Basel 1992
- Prezzemolina und der verzauberte Kater (Tonkassette). Italienische Märchen in deutscher und italienischer Sprache, mit Begleitheft „Italienische Märchen von Hexen und Riesen", Beltz Verlag, Weinheim und Basel 1992
- Rademacher, Helmolt; Wilhelm, Maria: Spiele und Übungen zum interkulturellen Lernen. 1991
- Ulich, Michaela; Oberhuemer, Pamela; Reidelhuber, Almut (Hrsg.): Der Fuchs geht um … auch anderswo. Ein multikulturelles Arbeitsbuch, Beltz Verlag, Weinheim und Basel 1987
- Von Pulcinella bis Pinocchio – italienisches Puppen- und Maskentheater: eine Reise durch die Zeiten (Videokassette). Ein Dokumentarfilm mit Spielelementen, mit Begleitheft „Italienisches Kindertheater vor und hinter der Bühne", Beltz V., Weinheim und Basel 1992

1.3. Feste und Feiern (international)

- Bischofberger, Otto: Feiern des Lebens. Die Feste in den Religionen, Paulusverlag, Freiburg Schweiz 1994
- Franger, Gaby; Kneipp Hubert (Hrsg.): Miteinander Leben und feiern. Ausländische und deutsche Kinder feiern Feste, Dağyeli Verlag, Frankfurt 1987
- Mala, Matthias: Kinderfeste aus aller Welt. Arena Verlag, Würzburg 1994
- Radel, Jutta: Ein Fest wie Weihnachten. Das unicef-Weihnachtsbuch, Arena Verlag, Würzburg 1992
- Schwikart, Georg: Gott hat viele Namen. Kinder aus aller Welt erzählen von ihrem Glauben, Patmos Verlag, Düsseldorf 1996

2. Spiele

2.1. Spiele –Bücher

- Baer, Ulrich: 666 Spiele. Für jede Gruppe. Für alle Situationen, Kallmeyersche Verlagsbuchhandlung GmbH, Seelze-Velber 1994
- Baer, Ulrich: Spielpraxis. Ein Einführung in die Spielpädagogik, Kallmeyersche Verlagsbuchhandlung GmbH, Seelze-Velber 1995
- Gilsdorf, Rüdiger; Kistner Günter: Kooperative Abenteuerspiele. Praxishilfe für Schule und Jugendarbeit Bd. 1 + 2, Kallmeyersche Verlagsbuchhandlung GmbH, Seelze-Velber, 2001
- Glonnegger, Erwin: Das Spiele-Buch. Brett- und Legespiele aus aller Welt, Herkunft, Regeln und Geschichte, Heinrich Hugendubel Verlag, Otto Maier Ravensburg, 1989
- Große-Oetringhaus, Hans-Martin: United Kids. Spiel- und Aktionsbuch Dritte Welt, Ein „terre des hommes"-Buch, Elefanten Press, Berlin 1991
- Grunfeld, Frederic V.: Spiele der Welt. Geschichte – Spielen – Selbermachen, Krüger Verlag, Frankfurt 1976
- Mala, Matthias: Komm und spiel mit uns! Das unicef-Buch der Kinderspiele, Arena Verlag Würzburg 1994
- Naegele, Ingrid; Haarmann, Dieter (Hrsg.): Darf ich mitspielen? Kinder verständigen sich in vielen Sprachen – Anregungen zur interkulturellen Kommunikationsförderung, Beltz Verlag, Weinheim und Basel 1986

2.2. Spielketten

- Breucker, Annette: Der Bär ist los … Mit-SPIEL-Aktionen für kleine und große Leute, Spielewerkstatt Rhinozeros
- Funcke, Amelie; Gummert, Karin; Kooy, Walter; Rachow, Axel: Geisterparty. Auf Burg Schreckenstein und weitere 11 Spielketten für Kinder, Jugendliche und Erwachsene, Kalker Spiele Verlag + Kreisel Verlag rjr, Saarbrücken 1994
- Spieltrieb: Spieleketten. Planung und Aufbau von Spielketten und Spielaktionen, Monimbó e. V., Dietzenbach

Adressen von Beratungsstellen

Die folgenden Adressen können weitere Auskünfte und Informationen zum Thema geben.

- Aktion COURAGE (füreinander Welten öffnen – frei von Rassismus) – Projekt: „Schule ohne Rassismus", Postfach 2644, 53016 Bonn, Tel.: 02 28/21 30 61, Fax: 02 28/26 29 78, E-mail: info@aktioncourage.org, Internet: www.aktioncourage.org
- ARIC (Antirassistisches Informationszentrum in Berlin), Internet: www.aric.de, Tel.: 0 30/3 08 79 90
- Bundesministerium des Inneren (Dunkle Schatten 1 und 2 – 2 Spiele auf CD-ROM), Referat für Öffentlichkeitsarbeit, 11014 Berlin, Tel.: 0 18 88 /68 27 44, Fax: 0 18 88/6 81 27 78, Internet: www.bmi.bund.de
- D.I.R. Informationszentrum für Rassismusforschung, Postfach 1221, 35002 Marburg, Tel.: 0 64 21/3 77 22, Fax: 0 64 21/3 77 94
- Deutscher Kinderschutzbund e. V., z. B. Kreisverband Würzburg, Pleicherpfarrgasse 12, 97070 Würzburg, Tel.: 09 31/1 51 77 oder Ortsverband Essen, Weberplatz 1, 45127 Essen, Tel.: 02 01/20 20 12, Fax: 02 01/20 78 84
- Deutsches Komitee für UNICEF e. V., Kinderhilfswerk der Vereinten Nationen (Für Kinder bewegen wir Welten), Höninger Weg 104, 50969 Köln, Tel.: 02 21/9 36 50–0, Fax: 02 21/9 36 50–2 79, E-Mail: mail@unicef.de, Internet: www.unicef.de.
- Deutsches Spiele-Archiv e. V., Barfüßerstr. 2a, 35037 Marburg/Lahn, Tel.: 0 64 21/6 27 28, Fax: 0 64 21/6 27 20, Internet: www.uni-marburg.de/spiele-archiv
- Forum Buntes Deutschland e. V. – SOS Rassismus, Postfach 2644, 53016 Bonn
- IDA. Informations-, Dokumentations- und Aktionszentrum gegen Ausländerfeindlichkeit für eine multikulturelle Zukunft e. V., Friedrichstr. 61a, 40217 Düsseldorf, Tel.: 02 11/15 92 55–5, Fax: 02 11/15 92 55–69, E-mail: Info@IDAeV.de, Internet: www.IDAeV.de
- Landeszentrum für Zuwanderung Nordrhein-Westfalen, Keldersstr. 6, 42697 Solingen, Tel.: 02 12/2 32 39–0, Internet: www.lzz-nrw.de
- Pädagogische Spielmärkte in Potsdam, Remscheid und Wuppertal, aktuelle Programme und Informationen sind unter www.spielmarkt.de zu finden.
- Regionale Arbeitsstelle zur Förderung von Kindern und Jugendlichen aus Zuwandererfamilien, in NRW und in den neuen Bundesländern vertreten.
  - RAA Essen (Hauptstelle in NRW), Tiegelstr. 27, 45141 Essen, Tel.: 02 01/83 28-3 00, Fax: 02 01/83 28-3 33
  - RAA Berlin (Bundesarbeitsgemeinschaft der RAA), Chausseestr. 29, 10115 Berlin, Tel.: 0 30/2 82-30 79, Fax: 0 30/2 38-43 03, Internet: www.raa.de
- Verein für Multikulturelle Kinder- und Jugendarbeit IFAK e. V., Lerschstr. 2, 44793 Bochum, Tel.: 02 34/6 72 21, Fax: 02 34/68 33 36

Länderregister

In dem Register wurden auch die Varianten zu einzelnen Spielen aufgeführt, diese stehen bei den einzelnen Ländern jeweils in Klammern.

Autorinnen

Eva-Maria Hofmann

geb. 1967 in Würzburg, Spielpädagogin, staatlich geprüfte
und anerkannte Erzieherin, mehrere Jahre Berufserfahrung
in Kindergarten und heilpädagogischem Heim für verhaltens-
auffällige Mädchen, Qualifizierung zur Spielpädagogin an der
Akademie Remscheid für Musische Bildung und Mediener-
ziehung e. V., ehrenamtliche Tätigkeiten in der kirchlichen
Jugendarbeit und Spielplatzpatin, Besuche zahlreicher Fortbildungen zum Thema Spiel und Kinder- und Jugendarbeit,
Teilnahme an Spieletests, Veröffentlichungen zu spielpädado-
gischen Themen in Fachzeitschriften.

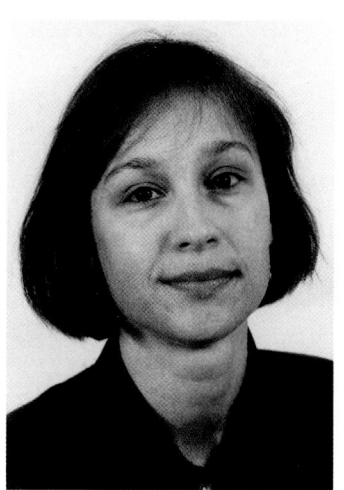

Susanne Rodloff

geb. 1967, ist Diplom-Sozialpädagogin und arbeitet bei der
Regionalen Arbeitsstelle für Kinder und Jugendliche aus Zuwandererfamilien (RAA) der Stadt Solingen in dem Arbeits-
schwerpunkt „Elementarpädagogik/Übergang in die Grundschule". Zuvor war sie sechs Jahre an einer Grundschule tätig.
Durch ihre frühere berufliche Tätigkeit verfügt sie außerdem
über eine breite Erfahrung in der offenen Arbeit mit Kindern.
An der Akademie Remscheid hat sie die berufsbegleitende
Fortbildung „Spielpädagogik in der Jugendarbeit" absolviert.